오라, 저 찬연한 별빛이여

이기태 시집

BB 베스텐 북스

오라, 저 찬연한 별빛이여

1 판 1 쇄 2020년 10월 09일
1 판 2 쇄 2020년 11월 15일
지 은 이 이 기 태
발 행 처 베스텐북스
발 행 인 이 기 태
등 록 2010년 3월 18일 제108-91-73334호
주 소 서울동작구신대방1가길 38, 104-104호
전 화 (02) 501-2652
팩 스 (02) 3289-1820
e-mail kkeystar@hanmail.net

책 값은 뒷표지에 있습니다.

ISBN 978-89-964235-3-9
이 도서의 국립중앙도서관 출판예정 도서목록(CIP)은 서지정보 유통지원 시스템 홈페이지 (http://seoji.nl.go.kr) 와 국가자료 공동목록 시스템 (https://www.nl.go.kr/kolisnet) 에서 이용하실 수 있습니다.

시인의 말

산다는 것 자체가 한편의 소설이자 수필이자 긴 詩시인 것만 같은 생각이 든다.

우리의 삶이 시간과 어울려 알 듯한 곳으로 흘러 내려가고 또 몰려오는 그 모습이 똑 같아 보이는 시간 속에 나 자신의 일체가 맡겨져 있으니 그것을 그림으로 그리면 미술이 되고 글로 쓰면 작품이 되고 그것을 기록으로 남기면 한 사람의 역사가 되는 것이리라. 아무튼 인생이란 재미있다. 고난, 시련 그리고 메스꺼움과 보람의 한 평생일지라도 그 모든 것이 행운이며 행복이며 축복인 듯하다. 누군가 나의 일생을 투명한 렌즈로 들여다본다면 더욱 재미있어 할 것이다. 마치 그 수고를 덜기 위하여 나의 좁은 속내를 시로 써 보는 것 같다. 아무도 알아주지 않아도 내 생활의 정리를 위하여서라도.

자연을 사랑하고, 사랑을 그리워하고, 상상의 날개를 펼치는 확장된 세계를 향하여 끊임없이 자신을 구축해 나가고자 하는 열망의 덩어리가 시가 되나보다. 그 시는 나의 얼굴이며 가슴이며 정신이며 혼이다. 나의 나 된 내 몸 전체이다. 머리 끝에서 발가락 끝까지 나를 표현한다. 그리고 시 한편 한편은 물방울과 같다. 한 편으로 나 전체가 표현되는 것이 아니고 나의 시 하나하나가 모여서 나의 전체를 표현한다. 물방울이 하나가 하나에 합치면 또 다른 하나가 되듯이 여러 개의 물방울이 합쳐져서 다른 한 개의 물방울이 되고 그것이 개울이 되고 강이 되고 바다가 되듯이.

두 번째 시집을 낸다. 첫 번째 것은 2018년에 발간한 “작은 별 숲에 머물다”였다. 그 이전에는 산문집으로 “바다, 그 끝없는 유혹”(2012), “77일간의 황홀한 세계여행”(2013), “별을 향해 나는 반딧불처럼”(2014)을 낸바 있다. 그리고 공저 한 · 영 대역시집 “여섯개의 행성의 길”이 있다. 다른 시인들의 시를 영어로 번역한 한 · 영 대역시집으로는 “부르지 못한 슬픈 노래” 성기조저등 5권이 있다. 또한 현재까지 4년여 동안 ‘주간한국문학신문’에 시를 매주 영어로 번역 연재도 하고 있다.

등단하기 전에는 문학과는 동떨어진 비즈니스 계통으로 세계를 여기저기 돌아다니다가 이제 뒤늦게 어찌 보면 나의 본향인 듯한 문학 속에 마음과 손발을 담그게 되었다.

이는 숙명적이기도 했다. 외아들인 내가 미국에 살든 나에게로 합류하시는 것을 끝내 원치 않으시던 아버지와 어디서건 같이 살고 싶어 하시던 어머니께 불효를 그만 하려고 일시 귀국한 것이 영구귀국이 되었고 이젠 이 땅에서 글쟁이가 된 셈이니 결과적으로 그 감사를 역시 부모님께 몽땅 올려드려야 마땅할 것 같다. 아울러 늘 응원해 주고계신 성기조 박사님과 시평을 써 주신 김귀희 평론가님과 청하문학회 문우님들 그리고 나의 소중한 친구들과 가족에게 감사를 드린다.

마지막으로 저의 약한 믿음의 끈을 꼭 붙잡고 인도해 주시는 하나님께 무한 감사를 올려드립니다.

축하의 글

보편화된 사실에 감동을 주는 시

성 기조(시인, 한국교원대 명예교수)

鹿山 이기태 시인은 나와 가깝게 지내면서 시를 쓰는 사람이다. 사람이 살아가면서 일주일에 꼭 한번 만난다는 게 쉽지 않은데 록산 시인과는 어김없이 만나게 된다. 큰 인연이다. 그는 《문예운동》에서 시인으로 출발했고 유서깊은 전문 낭송회 단체 '서울詩壇'에서도 활동하기 때문에 그가 써내는 시를 나는 거의 읽는다. 또한 그도 내가 쓴 시 중에서 선정한 몇 편을 영어로 번역해서 매주 신문에 연재하고 있기 때문에 나의 시를 가장 많이 읽은 사람이라고 할 수 있다.

한 편의 시를 쓰려고 하면 여러 가지 경험을 해야 하지만 쉽게 말하면 가장 아름답고, 가장 인상적인 것을 다양하게 효과적으로 체험하여 진술해내는 일이다. 그런데 이것만 가지고 시를 써내면 맛이 없고 문장이 거칠어 시의 모양을 갖췄다고 말할 수 없다. 그래서 좋은 시란 우리들에게 상상의 날개를 펼칠 수 있도록 도움을 주며 아름답고 황홀하며 행복한 순간을 펼칠 수 있게 만들어야 한다.

우리가 읽은 시가 마음을 움직여 행복감을 느낄 수 있게 했다면 시를 읽는 우리들은 최고의 위안과 안정감을 얻게 된다. 그래서 독자들은 시를 읽고 시인은 시를 쓴다. '시는 이것이 사실이라고 단정하기보다 그러한 사실을 느끼게 만드는 것'이라고 말한 T.S 엘리엇은 '시의 세계로 들어온 철학이론은 절대로 분리될 수 없다. 왜냐하면 그것이 영원한 진리이건 오류이건 관계없이 우리들의 느낌에 이미 동화되었기' 때문이다. 이 말은 시가 느낌과 상상을 얼마나 중시하는가를 말한 것이다. 그만큼 시에 있어서 느낌과 상상은 중요하기 때문에 우리는 시인을 꿈을 꾸는 사람이라고 말한다. 이렇게 볼 때 나도 록산 시인도 꿈을 꾸며 살아가는 사람들이다.

이 시집에 담겨진 록산 시인의 꿈은 너무도 다양하다. 그 많은 록산 시인의 꿈 이야기를 독자들과 공유하기 위하여 시집을 냈다고 생각되는데 참으로 축하할 일이다. 록산 시인은 그가 가진 여러 가지 꿈을 시로 만드는 과정에서 일정한 법칙과 교훈을 내세우려고 애쓴 흔적이 발견된다. 그러나 이러한 생각은 시를 짓는데 그리 중요하지 않다. 그 까닭은 시는 본질적으로 시인의 신중한 사색과 관찰, 그 바탕 위에 번쩍 번쩍 빛나는 감각에 의하여 완성되기 때문이다. 이 점을 유의한다면 알맞게 설명한다는 생각은 사라지고 중요한 핵심을 이루는 부분이 우루룽 쿵광, 번개처럼 지나는 감각과 한데 어울려 우리들의 가슴 속에 남게 될 것이다. 이런 기록이 시가 되어야 한다.

시는 냉철한 이성보다는 신성한 본능이 필요하고 사물에서 얻어지는 비범한 영감을 더욱 필요로 하기 때문에 시를 짓는 시인의 결단이 필요하다. 영감에서 얻는 여러 가지 '시적 진실'은 시인 자신의 것이기 때문에 스스로 자신의 세계를 개척하는 촉진제가 된다. 록산 시인의 마음을 사로잡고 있는 '작은 별' 과 '숲', 그리고 '아버지와 삼촌들', '가족에 대한 사랑' 또한 '자연에 대한 애착'에서 얻어지는 영감은 록산 시인의 시를 이루는 뼈대가 될 것이다.

이것들이 우리가 말하는 人倫이고 질서이며 세상을 깊이 사랑하는 마음으로 이어지기 때문에 아주 좋은 글감이 된다. 록산의 시는 보편화를 몸소 느끼게 하는 감동을 주고 여러 사상에 활기를 주며 實在한 모든 것들을 아주 귀하고 선택된 것으로 만든다고 생각한다.

더 좋은 글감, 더 좋은 글로 독자들을 만나기 바란다.

목 차

제 1 부
밤하늘 별들에게

제 2 부
不死鳥불사조

제 3 부

부러운 물새

제 4 부
물방울의 호령

제 5 부
추억의 못자리

제 1 부

밤 하늘 별들에게

밤하늘 별들에게

모래알 같은 글을 쓰고 있군요
누구에게 그토록 많은
사연을 쓰는 연서인가요

악보를 그리고 있군요
솔잎보다 더 촘촘히
누구에게 들려줄 노래인가요

쉼 없이 보내고 있군요
보석보다 더 빛나는 윙크를
누구에게 보내는 눈짓인가요

사랑의 시와 노래와 윙크를
그렇게도 많이
보내고 있군요

그 사랑 아름다워
보기만 해도 눈물이 납니다
밤하늘 유성 따라 죽죽 흐릅니다

고요

자정 넘어 새벽으로 가는 언덕
침대 밑으로 숨어버린 고요 속에
끈질긴 역사의 바퀴소리는
고요를 방해하고야 마는가!

우당탕 폭발음 들리고
소방차들 몰리고
불이 잦아든 후에 찾아든 고요
참혹함 뒤의 고요도 고요인가!

높은 파도가 폭군처럼
해변을 휘몰아치고 난후
햇볕과 동행하는 고요
아무 일도 없었다는 항변!

크리스마스이브에
독일군과 프랑스군이
일시 휴전하고 서로 담소했다던 고요

고요만이 고요를 해석하리!

몽생미셸* 수도원에서

물들면 섬
물 빠지면 연육지

유월의 태양이 머리 위에 불탄다
가슴은 땀 흐르는 계곡
가쁜 숨이 목까지 차 오른다

수도원 가는 길이 천리
수도하는 길은 만리

파리 동역(東驛)에서 몽빠르나스,
비엥브뉘역, 렌느를 거쳐 가는
전철과 기차 버스와 도보로 가는 길

역사의 냄새가 이끼만큼 짙게 풍긴다
8세기 영국부터 21세기 프랑스까지

팔백년에 걸쳐 지은 성
요새이기도 감옥이기도 했던
외딴 섬 위에 오똑 선 수도원
그 긴 긴 날을 한 시간에 간파하랴

뱅글뱅글 도는 골목길
이층엔 교회 그 위는 수도원
골목마다 층층마다 인파다
수도원을 처음 보는 듯이

* Le Mont Saint-Michel 수도원: 물이 빠지면 육지, 물이 들면 섬이 되는 프랑스 파리에서 약 360km 떨어진 곳.

看月島간월도에서[1)]

서편에 대륙이 보일 듯 가물대는
간월도에 닻을 내렸다.
프랑스 몽생미쉘을 시샘하듯
물이 빠지면 간월도에 연결되고
물이 들면 섬 중에 섬이 되는
看月庵간월암에 이른다.

고려말기 무학대사가 간월암에서
홀연히 바다에 비친 달빛 보고
도를 깨친 암자라 하여 看 · 月 · 庵
20세기 초에는 성기조 시인이
물위에 뜬 연꽃에 비유하며
조개 뻘에서 캐낸 시 한수 '간월암'
바다위에 동동 띄우고 간 곳.

시원한 봄바람에 실려 훨훨 날아본다.
하늘 높고 바다 넓고 백사장 훤하여
마음 속 오만 생각 다 버리고
하늘에 鳶연이 되어 날고 있으려니
得道득도의 초입에 이른 듯 하고나!

1) 간월도: 충남 서산에 있는 섬

그리움

가슴앓이로 길어 올린 그대 그리움이
가녀린 거미줄타고 달려온다

연기 피우듯 뽀얗게 하늘로
불안개 자욱한 강물 위로
구름처럼 뭉게뭉게 피어올라
어느새 거위 털처럼 포근히 안긴다

소슬바람 빌려 타고 날아와
슬픔은 편지지에 스며 번지고
맑은 물에 피라미 떼로 몰려 들다가
폭풍우 되어 가슴 속에 쏟아 붓는다

나뭇잎 살랑대는 소리
살포시 가슴 안에 담은
샘물 같은 꿈길에서라도 만나질까

눈물 방울방울 줄 잇고 이어
그리움에 물들어 푸른 저 별빛!
구름을 넘고 건너
온 밤 비추며 전해온다

나이를 먹고서야...

요란하게 울어대는
나무 위 하찮은 매미도
쏜살같이 피해 다니는
병균 투성이 바퀴벌레도
수채 구멍을 드나드는
젖은 몸 꾀죄죄한 생쥐도
이 세상에 태어난 모든 생물은

우주의 대자연 속에서
그들 나름의 생을 살아갈
부여된 권리와 가치가
있다는 것을 깨달은 것은

내가 나이를 꽤 많이
먹고 나서 부터였다.

가고시마의 韓國岳* 한국악

이국 하늘 아래 이국 땅 위에
외롭게 우뚝 서 있는
해발 일천칠백 미터의 산
한국악

소슬바람 시원히 불어와
옛 가야인들이 씨 뿌린 한국소나무
함초롬히 햇볕 쬐고있는 한국진달래
조선인들 외로움을 달래주든 곳

그리움이 하늘로 솟구쳐
한국악이 되었는가
바다 건너 바라보며 망향의
눈물 쏟아 바닷물이 되었는가

호수 하나 있어 不動池부동지라
슬픔마저 억누르느라
숨 죽이던 호수는 부동지 되었고
눈물 짜내어 호수를 이루었는가!

도자기공으로 끌려와
일본 예술 눈 띄우고
노동자로 팔려와 성곽 건설하느라
피 눈물 흘렸던 조선인들

그 혼들이여 눈물일랑 거두고
영혼으로 살아남아
조국의 얼 한국악에 심어주오
깊고 깊게.

* 한국악: 일본 규슈(九州) 남부 가고시마(鹿兒島)현에 있는 산. 일본어로는 가라쿠니다케라고 부름.

보석

영상 삼십구도의 무더위
한밤을 지새고 창밖을 보니
모든 나무 잎새 위에
보석들이 방울방울

주고싶은 사람
한 사람 있어
한 바구니 따서
마음 속 항아리 안에 가득
담아 놓았다

그 사람 행복하겠네

한국, 겨울보다 추운 봄

사회적 거리두기가 무슨 말인가
골돌히 생각타가 겨우 알아차렸다.
춘삼월 풍사월 좋은 시절을
절대 집콕 방콕* 하며 견뎌왔다

이것이 끝 난지가 2020년 5월5일
70여일을 50프로 타의 50프로 자의로
가택연금
해왔는데 이제는 생활 속 거리두기를 하잔다
그 말이 그 말 같지만
절대 개인위생 지키란 말인가 보다

나죽고 너 죽자고 외치며 덤비던
모진 인간들이 나도 살고 너도 살잔다
인간이 철드는 데는 석 달이면 족하다

지금도 경고문들이 무슨 전단처럼 날아든다

[보건복지부]
4월말 부터 5월6일 까지 서울 이태원 소재
클럽을 방문하신 분은 외출을 자제하고

증상 유무와 관계없이 검사가 가능하니
1339나 보건소로 상담바랍니다.

[서울시] 5.2 (토)
이태원 아래 업소방문자는 2주간외출 · 접촉자제,
보건소 방문 바람 킹클럽(0시-3:30)
트렁크(1:00-1:40 퀸(3:30-3:50) 전화120번

[관악구청]
45,46,47번째 확진자 발생(행운동, 청림동, 서원동
– 이태원 클럽 접촉) 유증상자는 선별진료소
방문바람, 역학조사 결과 추후 홈페이지 공개예정

밖엔 오랜만에 비바람이 몰아치는 5월 9일 토요일
나뭇잎들 신나서 춤추고 가지들끼리 손잡는데
사람들의 신명(神明)은 꼭꼭 숨어버렸다.

* 집콕 방콕– 집에만 그리고 방에만 콕 박혀 있다는 유행어

양보

부산한 전철역 공중화장실
코로나19로 더욱 길어진 줄이 늘어서 있었다
한 남자가 화장실에서 나왔다
변기에 물 내리는 소리가 안 들렸다
들어가는 사람도 물 내리는 소리가 없었다

나온 사람은 다시 줄 맨 뒤에 섰다
차례가 되니 또 들어갔다
몇 분 후 또 나왔다
이번에도 물 내리는 소리가 안 났다
다음에 들어가는 사람도 물을 내리지 않았다

그는 또 다시 줄 맨 뒤로 가서 섰다
차례에 따라 또 들어갔다
몇 분후 또 나왔다
이번에는 물을 시원하게 내렸다

그는 변비가 있는 사람이었다
그는 양보할 줄 아는 사람이었다
그는 참 사람이었다.

그림자 1

빛이 있는 곳이면
나를 따르는 존재가 있다
음성도 영혼도 없다
내가 부른 적도
배척한 적도 없다

때로는 나보다 큰 몸집으로
때로는 아주 작은 몸으로
나를 따라 다닌다

그에겐 이목구비도 없다
늘 검소한 검은색이다
말을 하지 않으니
부를 수도 쫓을 수도 없다

존재와 부재를 반복한다
불가사의하나 어쩔 수가 없다
때론 억울하기도 하다
일방적이어서...

그래도 내 부속물이니
있는 그대로 사랑하자

그림자 2

내가 아닌 내가
나를 흉내 낸다

유월의 세상은...

녹음의 파도가 일렁이는
유월의 이 세상
백화가 노래하는
지상의 무대에는
꽃과 벌 나비들의 경연장

땅 위에는 개미들
땅 속에는 지렁이들
공중에는 벌 나비들

일 · 이 · 삼 · 사월 다가고
오뉴월이 왔어도
사람들은 집콕 방콕한다며
고요속에 잠잔다

하늘과 지상과 지하가
마치 평화로워진 듯하다.

흔들림

세상 흔들리니
사람들 흔들린다

관광지에 출렁다리
어찔어찔 파도서핑
설악산 흔들바위
댄스클럽 불빛 사람들
바람 앞에 나뭇잎
온통 흔들림 세상뿐이네

신종바이러스로 흔들리고
정치싸움으로 흔들리고
사업 망쳐 흔들리고
지옥의 2020년
흔들림 투성이 세상

그래도 흔들림이 모자란다니…

이 아침에

이른 아침
고마운 태양
별을 따듯하게 데워서
나의 침대 정화시켜 주고

맑은 바람 잉태한 공기
나의 헝크러진 머리칼
곱게 빗질해 주고 지나가누나

활짝 열린 창밖엔
산새 들새 찾아와
아침 노래 합창해 주고 가니
하루 첫 시간이 아름답고
신나게 펼쳐지는데

저녁 마감시간 소식은 어떠려나.

내가 본 보름달

곱고 고운 보름달
구름 헤치고 나무 숲 지날 때
나무 가지들 둥근달 시샘하여
조각조각내고 갈기갈기 찢었다

모진 나무 숲 헤집고 중천에 떠오르니
상처 난 모습 조금도 보이지 않고
아픈 기색 하나 없이
커다란 미소로 둥글게 솟았구나!

찢긴 상처야
고운 구름이 감싸주고
아픈 가슴이야
푸른 하늘 은하수가 만져주니

그 둥그런 모습 장하기도 하여라.

낙엽에게 쓰는 연서

정처없이 떨어지는
낙엽을 주워
그 위에 편지를 쓴다
첫장에는 '잘' 이라고
둘째장에는 '다' 라고
셋째장에는 '녀' 자를
넷째장에는 '와' 라고
다섯째장에는 '라' 자를
일곱째장에는 '보고파' 라고
여덟째장에는 '일년간' 이라고
아홉째 장에는 '사랑했다' 라고
열째 장에는 '내년에 꼭 만나자' 고

너희는 내년에 꼭 다시 오겠지만
인간은 꼭 만날지 약속 못함은
인생이란 너희와는 다르기에...

허허 그러나 누가 알랴!
또 그렇게 쓰기 십년이 될지
십수년이 될지...

영혼의 꽃

겨울가고 삼사월 되어
파아란 하늘에서 봄이 내려와
빨강 노랑 꿈꾸며 잠자던 대지를
꿈에 본 꽃밭으로 단장하는가
홍매화 산수유 진달래 산야를 물들여
봄을 따는 여인네 가슴에 불 지피니
입술꽃 눈썹꽃 손톱꽃도 봄을 펴 나른다

피어도 피어도 시들지 않는 꽃
영혼의 꽃도 있어라
보라빛 사랑으로 피어나는 꽃
우주를 휘감고
역사의 실타래를 곱게 감는다
보이지 않는 영혼의 꽃

참사랑

네가 나를 사랑하니
내가 너를 사랑한다
내가 너를 사랑하니
네가 나를 사랑한다
주거니 받거니 사랑

너는 나를 사랑않는데
나는 너를 사랑한다
나는 너를 사랑않는데
너는 나를 사랑한다
외눈 배기 사랑

너와 나와의 사랑
아무런 주고받음 없이
하는 사랑
하나님 원하는 사랑
참 사랑이라 이름 짓는다.

口頭구두 처방전

전철 노인정 공원
노인들이 모이는 곳이면 어디나
병원 약국을 설치한다

체험 음식 운동 약국 병원
모두 다 동원되어 토론 후
처방전이 나온다

병원이 따로 필요 없다
의사가 무슨 소용이랴
처방전이 다 나왔는데

진실에서 괴담까지
희끗희끗한 머릿속에서
재탕 삼탕한 처방전을
구두로 발행한다
거기엔 불신이 없다

까치밥 인심

가난했을 땐
감나무에 까치밥이
한두 개 대롱대롱

가난 벗어날 땐
서너 개 달린 나무가지 하늘하늘

조금 살만 하니
십여 개 주렁주렁

잘 살게 되니
수십 개 달려 휘청휘청

까치밥 인심
사람 인심 거울 된다.

빛

태양은 빛을 양보하려고
매일 별과 달에게 밤을 맡기고
바닷속으로 풍덩 들어간다

빛은 마음만 먹으면
칠흑 같은 어둠
한 알, 한 잎, 한 덩어리도
단번에 삼키고
가는 실 빛으로도 세상을
멸할 수도, 구할 수도 있다

사스건 메르스건 코로나19건
다 말살할 수 있다
허나 빛은 원래 사람편이다
적을 두게 하여 인간을
더욱 강해지고 선하게 하려나 보다

인간은 망각의 존재라
몇 십 년에 한번은
놀라 잠에서 깨어야 한다
빛은 이렇게 인간을 사랑하나보다

황금범종 호박꽃

아침에 피었다 낮에 지는 꽃이라
가벼이 보지 말 것은
짙은 향기 없다고
업수이여기지 말 것은

맑고 밝은 세상 햇빛 다 받아
노란 얼굴로 태어나
넓은 가슴에 안기는
뭇 벌들에게 꿀 젖을 물려주는 너

황금범종 닮은 커다란 가슴에
고이 담긴 너그러움은
파랗고 싱싱한 애호박을
이전부터 잉태하고 있었고나

나도 너 닮아 가슴 활짝 열고
저 큰 태양을 맘껏 포옹하다
그 정열 다 내 뿜고
파란 애호박으로 태어날까나

은하수의 별

수 천 억 개의 별들 옹기종기 모여
종알대며 잘들도 논다
다툼도 싸움도 없이 소근 댄다
어쩜 마음들이 저토록 잘 통할까!

이 다음
저 은하수의 별 하나로 살고 싶다
저들과 친구하며 얘기하고 놀면서
반짝이는 영생을 살고프다

내 이름 한 글자에는 별의 뜻이
들어있는 이유가 여기에 있으려나!

뭇 사람들 그리워하는 별나라에서
사람들의 소원 하나하나 들어보며
소원 시원히 풀어주는 별이 되고프다

제 2 부

不死鳥불사조

니스(Nice) 해변에서

풍만한 요정 같던 오월은 떠났다
정열의 유월을 선물로 준비해 주고

니스의 유월은 따가웠다
이글대는 화롯불을 하늘에서
쏟아 붓는 열기
저마다 불거진 살 봉우리들을 자랑하며
피부를 거슬리는 여인들
서울의 여인은 양산을 접었다
발바닥이 스테이크로 구워질까봐
신을 신었다

지나치는 구척의 멋진 두 남자에게
사진 모델 청하니 대 환영
이태리 돈후안* 후예들
'그라치에!'* 하며 고맙다고 하니
한국말로 '안녕히 가세요' 한다

유월의 해변에선 쭉 뻗은
서양인들 남 · 여가 더 멋져 보인다
길게 내리 뻗는 태양빛
잔잔히 졸고 있는 바다의 기다란 선
세 가지가 잘 어울렸다

유월이 주고 간 해변의 선물.

*돈후안 Don Juan 전설속 바람둥이
*그라치에 grazie! 감사합니다

나의님은 위대하십니다

님은 위대 하십니다
밤사이 내 꿈 속에 나타나셔서
매일 꿈에 그리던 사람들을
만나게 하시네요

님은 위대 하십니다
어둠 속에 몰래 다니시며
풀잎 위에 수 많은 진주알을
살며시 올려놓고 가시네요

님은 위대 하십니다
아침이면 새소리로
저녁이면 황혼으로
내 주변을 늘 새로 창조하십니다

나의 님은 영원하신 분입니다
당신이 계시니 내가 있고
내가 늘 당신 그리워 하니
온 우주를 내 앞에 차례로 선보이는,,.

그리운 님

어제는
그리운 님 얼굴 보러 산으로 오르고 또 올랐다
정상 거의 다다르도록 님은 보이지 않았다
문득 산자락에 걸린 구름에 나타난 한 모습
미소 띈 하얀 얼굴에 잿빛 옷자락 펄럭이던 님.

오늘도
행여 그리운 님 만나려나 바닷가로 갔다
걷어 올린 바지 물에 다 젖도록 님은 보이지 않는다
잠시 멈추어 울렁이는 물속 보니 거기 한 모습
반기 듯 다가오는 그의 울렁울렁 넘실대던 님.

내일은
그리운 님 만나러 넓고 한가한 차도를 달려보리라
혹시 거기서 님이 차를 기다리고 있지는 않으려나
바람, 미세먼지 참아가며 길가에 서서 손 흔들려나
여기와도 만나고 저기가도 만나고
늘 만날 수 있었으면...

봄의 용기!

모진 시베리아 칼바람
폭풍의 산마루 넘고
얼음벌판을 건너
꽃피고 새들 노래하는
봄 나라에 도착한 너, 봄
참으로 아름다워라
그 용기 가상하여라

네가 아름답고 귀한 것은
꽃동산 이루어서가 아니다
너를 겨울과의 모진 다툼에서
이기게 한
인내와 끈질김과 용기가
아름답고 좋아서다.

광장의 증인

바람이 파도처럼 일렁인다
광장을 지켜보는 나무위에 걸린다
나뭇잎이 목이 끊어질듯 춤을 춘다
광장의 외침이 나뭇잎과 화음한다

변할 수 없고 지울 수 없는
살랑이는 바람이 광장의 증인이다
말없이 서 있는 가로수가 증인되고
수많은 나뭇잎이 증인된다

세월가고 사람가지만
증인은 알고 있다
다 보았다 크고 맑은 눈으로
다 써놓았다 넓고 많은 잎들 위에

거짓 없이 증언하리라, 역사에게.

눈은 창고

눈은 저장창고
산과 들 강과 바다가 눈 안에 들어와
배경이 되고
해와 달과 별들은 눈에 들어와
춤을 추고

세상에서 본 많은 것들이
기억 속에 살아 움직여
눈 뜨면 파노라마 영사기
눈 감으면 꿈속 영화관 된다

아직 저장되지 않은 것들
상상 속 나라
소설되고 만화된다

불쌍한 바람아!

네가 내게 오기까지
얼마나 많은 고초 겪었느냐
만학천봉(萬壑千峰)이, 강과 들이
너의 길 막고 또 막았으리라!

부딪치고 찢기고 부러지는
아픔을 모질게 견뎌내며
험한 길을 허위단심 왔구나!

하여
때로는 폭풍이 되기도
회오리바람이 되기도
순풍으로 변하기도 하였겠구나
불쌍한 너, 내게 오기까지.

不死鳥불사조

어쩌다 불사조 한 마리 반신이
기름 띠 엉긴 바다 속에 빠져
허우적거리고 있구나
머리 위로는 호랑이와 사자가
집어삼킬 시간 재촉하고
팔은 늑대에 물려
빠져 나오지를 못 하는구나
공중 독수리 한 마리의 도움으로
불사조 간신히 살아 움직이네

아아, 불사조는 잿더미 속에서 살아나
수 십 년 등불 되어 살아남았거늘
어찌하여 다시 불덩이 속으로
산화하려 하느냐.
아서라, 다시는 해골이 수북이 쌓인
깊고 깊은 골짜기를 서성이지 말라
몸통에 기름기 말끔히 씻고
일어나라 그리고 훨훨 날아라!

사랑은

어떤 이는
외골수로 퍼부으려고만 하고
어떤 이는
가방을 크게 열어놓고만 있다
사랑은 주고받는 것
외사랑 뒤엔
눈물이 길게 줄을 선다.

집중

점심을 먹다가
찌개 국물이 바지에 한 방울 톡
베이지색 옷이 그 한 방울로 다 갔다
물수건으로 박박 닦아본다
이 순간 온 정신이 거기에 집중되었다

밥도 반찬도 없다
앞 사람 옆 사람도 없다
오직 이 한 방울 외에는

바지를 포기하면 된다
그것이 있으므로 내가 있고
거기에 내 정신이 집중되었다

나의 존재에 가치가 부여 된다
바지에게 까지도.

떠 밀려오고 떠 밀려가는 삶

오늘은 어제에 떠밀리어
어제는 그제에 떠밀리어
또 그제는 그그제에 떠밀리어
이어져 온 삶이 아니더냐

내가 하고 싶다고 그대로 된것 없고
내가 싫어한다고 안 된 것도 없어
어차피 나의 일은 내 맘대로가 아니야
과거 나의 마음 나의 행동의 결과다

내일은 오늘에 떠 밀려서
또 다시 탄생하는
새로운 길
오늘 나는 항로를 올바로 잡아야 한다.

더럽다고

칠팔월 내내 잘도 피던 베란다 능소화가
올해는 세상 더럽고 보기 싫은지
칠월에 잠간 내민 얼굴 팔월에는 볼 수 없더니
구월 들어서서야 다시 피는구나

예쁜 색 산비둘기 베란다에 날아들어
창 근처에서 정답게 TV를 같이 보더니
올해는 이 여름 한 번도 오지를 않는구나
세상 뉴스 보기 싫어서 인가!

아파트 앞 백년쯤 된 소나무 숲
산뜻하고 말끔히 치장한 도시 까치들
아침이면 찾아와 사랑 노래 불러주더니
요새는 세상과 절연하고 산속 깊이 들어갔냐?

자연 속 생물들에게도 깨달음이 있었더냐
인간들에 너무도 실망 많이 한 탓인가!
능소화, 산비둘기, 까치야
너희들 돌아올 날은 언제려냐?

자벌레에게

세상 이치의 높이와 두께를 알아보려고
등 굽혀 재고 또 재는 자벌레
밤 낮 가리지 않고 날마다
열심히 재는 너의 모습 보니
세상에는 재 볼 것이 그리도 많구나!

미세한 아름다움의 조각들
향기되어 날아갈 것 같은 화려함
꺼질 줄 모르는 잿불같은 웃음거리들
격렬한 말끈들, 노함의 파장
찾을 길없는 잃어버린 슬픔의 깊이
극한으로 치닫는 어려움의 끝
돌고 도는 풍차, 힘의 원천
가깝고도 먼 그리움의 거리
즐거움 속 깊이 숨어있는 비애
소멸하는 것 살아남는 것의 차이와
가치에 대하여 재보고 계산해 보렴
미분 적분 에이아이(AI) 까지 동원하여…

"다 헛것이다"라는 결론 아니 나오도록.

가인의 지옥 탈출

오호 통재라
인류 최초의 살인자 가인은
수 천 년이 지난 요즈음 지옥을 탈출
한국에 나타났다.
친족살인, 형이 동생을
그 피가 마른지 수 천 년
그 피를 받은 탈옥범이 한국에 나타났다.
형이 동생을, 동생이 누나를
남편이 부인을, 부인이 남편을
부모가 자식을, 자식이 부모를
자신이 자신을

이제 인간이 동물이 되는 끝에 왔다.
더 이상 내려갈 지옥도
더 이상 불타는 지옥도 없다.
오, 어찌 이런 세상을 만났나!
오, 어찌 우리 이런 세상을 만들었나!
가정교육, 학교교육, 환경의 합작품.
이제 우리 한 발자욱 씩이라도
탈출의 길에 서자
바닥을 쳤으니
오를 수 있다.
가정교육, 학교교육, 환경개선으로
이 길만이 고쳐나갈 길.

한 스태미프 人(인)

칠백 여 명 모인 음악회에서 홀로 기립박수!
브라보와 앵콜을 소리 지르던 미친 놈, 나!
오페라 파우스트의 '보석의 노래'를 멋들어지게
부른 소프라노 '이다미'와
베르디의 '여자의 마음'과 푸치니의 '공주는 잠 못
이루고'를 힘차게 부른 테너 '이동명'의 무대
열광하면서도 기립은 안하고 박수만 치던 관중!
그들은 왠가!
관객 다 빠진 텅 빈 음악당이 고요 속에
잠길 때 외로움이 엄습했다.
미친(美親)놈, 미주문화와 친한 놈.
한국 스페인과 태국 미국과 프랑스의
후천적 DNA가 섞인 모양인가!
한 스태미프(Han STAMIF)인.
큰 스태미너가 배어 있는
청년 늙은이!

청국장, 떡국, 고추장을 사랑하고
훌라멩꼬[1]와 빠에야[2]를 좋아하고
느아남똑[3]과 똠얌꿍[4]을 잘 먹고
샹송과 함께 푸아그라[5]를 혀로 녹이고
햄버거와 아메리카노를 즐기는 이 후천적 DNA,

같으면서 다르고 다르면서 같음을 느끼는
이방인, 여기서도 그리고 저기서도!
나는 어차피 우주 방랑자[6].

1) 스페인 춤 이름
2) 스페인식 볶음밥
3) 태국식 불고기
4) 태국음식 새우조개탕
5) 프랑스 푸아그라(Foie Gras) 거위간 요리 태국식 새우탕
6) 스페인, 태국, 미국, 프랑스등지에서 20여년 거주 활동

품는다는 것

품으면 커지고 넓어지고 풍요로워진다
나를 향해 밀려오는 쓰나미는 못 품어도
달려오는 사자나 호랑이는 품을 수 없어도
공활한 하늘 넓은 대양은 품을 수 있다
거대한 산과 우람한 바위도 품을 수 있다
품는데서 관용과 용서와 사랑이 싹튼다

파도에 휩쓸린 엄마가 품은 아이는 살고
불길에 휩싸인 아빠가 품은 아기는 살고
고층 베란다에서 놀다 떨어지는 아기를
땅에서 받아 품으니 살았더라
품으면 산다

그러나
오해와 적개심과 증오는 품지 말아야 산다
이를 품으면 너도 죽고 나도 죽는다
삶에는 품을 것과 품지 말아야 할 것들이
말로써 다 구분되어 있기에
가야할 길 따라 살면 그것이 생명 길이
아니겠나
품어라 사랑으로, 암탉이 병아리를 품듯이.

사랑을 위하여

지하철 다리 밑
텅 빈 제비집 한 채
봄이여 어서 오란다
주인 그리워

도림천 맑은 물위
하얀 왜가리 한 쌍
봄이여 어서 오란다
사랑을 위하여

9월과 알밤

구월은 알밤 쏟아지는 계절
팔월 모진 비바람 몰아쳐도
갈색 윤기 흐르는 밤톨들
세상 빛 보게 하는 구나

두알 세알 잉태하여 가시 돋은
모성애 주머니에 숨겼다가
구월, 햇빛 고운 날 순산하는
어미의 모습

장대를 타고 내려온 밤송이가
야무지게 정수리를 갈기고
떨어지는 밤알이 얼굴 때려도
사랑스럽기만 한 밤송이

풀 섶에 숨겨진 알밤 찾느라
쐐기에 물려 따가워도
수풀 속 똬리 튼 독사와 눈 마주쳐도
아쉽기만 한 9월은 멀어져만 가는 구나

깊은 숲속

아름답고 깊은 숲속일랑
조심해서 들어가라
거긴
맹수 맹금류 독충들이
우글거린단다

워라벨(Work-life balance)

코로나19 에게 물어보자
이것이 무엇인지를
그리고
보상하라고 따져보라
무어라 대답하는지를…

풋 영근 꿈

꿈이 영글 때가 되었다
빨갛게-.
헌데 파란 채 풋 영글었다
파랑 살구처럼-.

세월만 잡아먹은 꿈이
잠시 길을 잘 못 들었었나!

느려터진 세월

달에 가고 화성에
가는 세상에
세월은 쏜 살의 몇 억 만 배
더 빨라야 하는데
느려터지기만 하다

언제 봄 여름 가을 겨울
사계절을 헤아리며
구름처럼 낭만을 구가하며
서서히 가려느냐

남국에 가면
세월은 난쟁이 걸음마다
그날이 그날
그 세월이 그 세월이다

꽃은 매일 피고
과일은 매일 익는다
여인의 치마나 남성의 웃옷이나
그날이 그 날이다
세월의 바퀴가 구르질 않는다

답답하다
세월아 시워하게 달려라
기분 나쁜 세월 다 날려 보내고
좋은 세월 불러서
오래 멈추게 하라

그리움 담은 금낭화

그대여
그리움을 알고 싶으면
그리움을 펴 올리려거든
그리움을 담아 두려거든

깊은 산골 금낭화 소근 대는
서운암 꽃 숲에 가보소
가지마다 나란히 나란히
소근 대는 비단 꽃 주머니를 보소

그 요염함에
처녀들은 수줍어 입술 감추고
새색시들은 시샘이 샘 솟으리
오죽하면 영어로도 피 흐르는
심장(bleeding heart)이라 했던가!

그대여
그리움을 길어서 금낭에 담아보소
열두 금낭에 하나하나 담았다가
잠 설치는 깊은 밤이면
짙은 그리움 홀연히 만나보소

제 3 부

부리운 물새

눈. 비 그리고 바람

겨울비 그치니
봄눈이 기다리네

하늘엔 봄비
땅위엔 꽃눈

겨울이 멈칫하니
거리엔 두터운 옷들
다시 물결치고

철모르고 뛰어든 봄바람
가벼운 치마 자락에 휘 감기네

달려만 가는 세월 속
눈도 오고 비도 오고
바람도 부네.

부러운 물새

물새들이 한강에서
무리지어 목욕을 한다

발 날개 가슴을 씻고
눈과 귀, 주둥이도 씻어댄다

세상에서 본 부정한 것
오염된 입 씻느라
끽끽거리며 내는 소리

저들처럼 나,
물에다 눈과 귀, 입을
씻을 수 있으면 좋겠다

안볼 것 본 눈
더럽혀진 귀
잘 못 발설한 말까지 씻어내고
훨훨 날 수 있으면 좋겠다.

자작나무 위에 새

자작나무 위
매년 삼월이 오면 새들이 날아든다
해마다 한 마리씩 늘어난다
재작년에는 일흔 여덟 마리
작년에는 일흔 아홉 마리
올해는 여든 마리나 왔다

머리 숙여 시를 쓰고 있노라면
새들이 머리 위에 흔적을 남긴다
한 녀석이 한 방울씩
그래 매년 머리가 몇 가닥씩
하얗게 분칠을 한다

누가 나에게 나이를 물으면
나는 빙그레 웃으며
자작나무위에 새들을 세어 보라고 한다.

돼지亥해표 냉장고

己亥年기해년 황금 돼지해
집집 냉장고마다
오색 음식 가득가득
유효기간도 모른 채
알려고 하지도 않고
앞뒤로 상하로 가득가득
주인 손길만 기다린다

언젠가는 선택받겠지만
식구는 두 식구 많아야 세 식구
다이어튼가 금식인가 하면서
기다림에 지친 음식
쓰레기 치는 날 오면
행여 던져 버려지지는 않을까
가슴조이는 냉장고 식구들

어렵다 못 산다 울어대도
냉장고는 가난하지 않아
한우에 돼지삼겹살 닭가슴살
연어 참치 고등어
키위 망고 파파야
이름도 모를 남방 과일들

단지 내 쓰레기통엔
뜯어보지도 않은 음식물들
덩어리째 버려지기도

하늘은 돼지해에
이 땅에만
돼지 복을 주셨다.

갈만한 곳

파리 윙~ 소리 나는 마을에 가면
역겨움이 온 동리 검푸르게 물들이고
요란한 포성 울리는 곳에 가니
골짜기에 금빛 시체들만 즐비하네.

앵~하며 부지런히 일하는 벌 나는 곳엔
꿀이 봄 빗줄기처럼 흘러내리고
펄럭이는 나비 나는 곳에 가니
꽃향기가 나팔소리처럼 울려 퍼지더군.

밤하늘 펼쳐진 앞동산에 오르니
이름 모를 별들 이유 없이 반겨주니
내가 달려갈 갈 곳은
벌 나비 춤추는 곳과
별들 밀어 나누는 앞동산 뿐 이더군!

해가 해에게

지는 해가 오르는 해에게
오르는 해가 지는 해에게
약속 인사 한다
언제건 어디서건
다시 만나자고

그러나
그들은 만나지 못 하네
잠시 바다 속에 숨었다가
다시 나타나는
그들은 그들이 아니라
하나뿐인 그이기 때문이네

해가 수 억 년을 두고
돋고 지지만
그는 늘 그대로이고
변하는 것은 나 혼자 뿐이네
잠시 왔다 영원히 떠날 나
그리고 지금의 내 맘뿐이네.

무명고지

한 병사가 퍽하고 쓰러졌다
디른 병사가 나무 가지를 꺾어
풀로 매어 십자가를 만들었다
그리고 땅위에 박았다
한 병사가 철모를 십자가 위에 씌웠다
앞에서는 총탄이 비 오듯 쏟아지고
하늘에선 비가 총탄처럼 퍼 부었다
또 한 병사가 '으악'하고 쓰러졌다
이번엔 손쓸 시간이 없다
모두 전 속력으로 후퇴 한다
오부능선. 후퇴해도 죽고 안해도 죽고
더 갈 곳이 없다 거의 포위되었다
탄환도 수류탄도 없다
소대장이 '백병전이다'라고 소리친다
'백병전' 소리에 힘들이 솟았다
일당 백이다.
마침 아군의 폭격기가 하늘을 누빈다
적군은 섬멸되고 고지는 아군이 점령했다
하늘의 비 그치고 적의 총탄도 멎었다
살아남은 자 기 백 명 그래도 승리했다
전쟁의 신이 멋 적은 듯 구름 속으로
깊이 숨어버렸다.

2019년 6·25에 부쳐

삼면이 U자형 바다를 품은
한반도 위용과 기품 빼어나다

하얀 구름이 백두산을 휘감으면
산허리 띠 두른 산봉우리 섬이 되고

호랑이 모습 반도, 대륙의 머리 같아
넓은 땅 향해 포효하는 소리 우렁차더니

DMZ가 반도 155마일 질끈 동여매
연약한 토끼 모습 닮아서
대륙에 대롱대롱 매달려 있는 듯

산을 두른 구름 띠는 바람에도 풀리던데
반도의 허리 DMZ는 언제나 사라져
다시 대륙의 머리, 호랑이가 되려나!

하늘 작심作心

불볕으로 다스린 땅위 마을에
모기들, 물웅덩이 말라 부화 못해
사람과 전쟁 치룰 군사조차 모자랐다
인간도 개체수가 줄었다지만…

하늘이 땡볕으로 계절에 맞서니
매미들, 노래할 시간 넉넉지 않아
새들 반주하러 앉았다가
싱겁게 날아가 버렸다.

찜통같든 여름 녹음속으로 피신할 때
가을, 남 몰래 들어와 봤지만
폭풍우 끼어들어 천지를 바꾸었다
그래도 하늘의 힘이 모자란다고?
더 시험해 보라고?

가을이 깊어보렴
눈내리는 겨울 안 보내주나
여름이 뜨겁다 난리였으니
살을 예는 겨울 한번 보내주마.

여름 오후 태양

한국 팔월 중순 오후 여섯시
손에 잡힐 듯 낮게 뜬 태양이
나뭇 가지에 걸려 채 내려가지 못하고
뜨거워진 바다 목욕물만 멍하니
내려다 보고 있더군.

하얀 눈

새벽, 하얀 눈이 높은 하늘에서
선비의 도포 자락 흔들며
뽀얗게 휘날리며 내린다
온 몸에 포근히 와 안기는 이 따사로움!

이른 아침, 눈이 공중에서 멈추려 하니
땅위에 떡 고물 소복이 쌓였지만
가슴 휘감아 오는 허탈감 엄습한다
더 와주지 않으려나…

아침밥 먹고 나니 고운 눈
다시 회색 하늘 메운다
가슴엔 장작불 지핀 듯 따스해 지고
영혼은 맑아져 하늘을 유영한다

눈, 새하얀 눈은 나의 혼을 일깨워
양팔 벌려 기지개 켜게 하고
세상 안 밖으로 기쁜 여행 시켜주니
오, 볼수록 예쁘기만 한 흰 눈이어라
내가 영원히 사랑할 하얗고 고운 눈.

새상에 어려운 것

배를 비우기는 쉬운데
머리를 비우기는 어렵다
가슴을 비우기는 더 어렵다

창고를 비우기는 쉬운데
금고를 비우기는 더 쉽다
집을 비우기는 더더욱 쉽다

그러나
하늘을 비우기는 어렵고
바다를 비우기는 더 어렵다
쉬운 것 보다 어려운 것이 더 많다

그게 세상이라는 걸 이제 알았다.

뚝방길 5경

어떤 이는 개천물만 보고 걷는다
물고기라도 찾는 듯
달팽이라도 찾는 듯

어떤 이는 사색에 잠겨 걷는다
흑암의 세월 걷어차고
희망을 찾으려는 듯

어떤 이는 책을 보며 걷는다
거기 재미가 있고 익살이 있나보다
아무도 모를 그런...

어떤 이는 스마트 폰에 심취해 걷는다
카톡이 왔나 야동이 들어왔나
주름살 활짝 펴진 모습 보기는 좋네

어떤 이는 운동기구에 매달려
근육 단련 열중이다
초코렛 뱃살이라도 만들려나.

바람

불어라 바람아
흉년에는 풍년바람
가뭄에는 비바람
장마에는 서늘바람불고

봄에 불면 봄바람
여름에 와서 여름바람
강가에 와서 강바람

연인 옆에 와선
사랑바람 날려라
치맛바람에 물동이
머리에 얹고 가는
아낙네들 땅만 보고 걷는데

짧은 적삼 속 흔들바람 보며
녹아나는 동네 녀석들
그 바람에 휩쓸려
사랑 독 안에 안기고 싶어
바지춤만 들썩이더군.

코로나19 속 일요일

아빠는
사랑방에서
책 읽고 시 쓴다

엄마는
안방에서
드라마 보고
세계여행 다큐 본다

아들은
건너방에서
코로나 맥주에
치킨 뜯고

딸은
거실에서
솜브르 디망슈*
샹송부른다

뜨락에 저 이파리
빗방울 떨구며
박수치듯 흔든다

우리는
모두 방콕*가족

* Sombre Dimanche 울적한 일요일
* 방콕 – 방에 콕 박혀 있다는 유행어

회색 하늘

동장군 몰아내려 찾아 온
입춘 지난지도 열흘

하늘은 회색이다
비가 오던 눈이 오던
무언가 한번 와 봐라

홍매화가 피었다는 소식
엄동설한에 들었으니
다른 꽃 소식 좀 들려다오
유월의 장미가 되었건
구시월의 갈대꽃이 되었건

내 마음마저 회색이면 안 되기에
흰 셔츠에 빨간 넥타이 매어봤다
내 얼굴이 붉고 거울 안이 밝다
그냥 그만~하다

헌데 신문을 보아도 라디오 TV를
켜 봐도 모두 회색이다
나도 따라 회색이 된다
차라리 싸움 같은 싸움 한번 해 봐라

그리운 나의 구름

구름은 아름다운 것이야
구름은 머리위에만 있는 것이야
구름은 하늘에만 있는 것이야

50년댄 해르만 헷세의 '하얀구름' 시가 좋아
60년댄 비행기 위에서 보는 구름이 신비해서
70년댄 구름 사진 찍느라 산과 밭 헤맸지
80년댄 산허리에서 구름이 안아줄 땐 꿈
같았다

'뜬 구름같이 여기기' 란 영어단어
FLOCCINAUCINIHILIPILIFICATION*
29글자 외는 것을 원어민들에게
자랑하는 것 또한 짜릿했다

구름, 구름은 나의 장난감 같아서
한없는 그리움으로 남아 있다.

* 사전에 따라 FLOCCINAUCICIHILIPILIFICATION
FLOCCINAUCINIPILIHILIFICATION 이라고 스펠링을 달리
표기한 것도 발견된다.
그러나 권위있는 Webster 사전에 의하면 본문의 것이 맞고
뜻도 'something as unimportant, of having no value
or being worthless. 즉 중요치 않은 것. 가치 없는 것.
쓸데 없는것' 으로 되어 있다.

장맛비

제철 비가 하늘과 땅 사이에
수 억 개의 긴 선을 긋고 있다
하늘 정수리부터 땅 속까지
고루고루 적셔준다

무성한 나무들 머리 감겨주기
얼굴에 구성진 눈물 닦아주기
목을 타고 내려가 가슴 적시기
흘러 흘러 다리사이로 미끄러져
발바닥에 이르러선
땅속까지 흠뻑 적셔주고 있네
기쁨도 아닌 것이 슬픔도 아닌 것이

이제 이 장맛비도 떠나고 말면
2미터 거리 유지하던 조락의 가을이
강속구로 날아들리라.

하롱베이* 쪽배위에서

바다에 산이 없어
중국 계림의 산들을 퍼 왔더냐
어디서 삼태기로 담아 왔더냐
아름다운 섬들이 곱디곱다

옹기종기 사이좋게 잘들도 지내어라
과일 생선 행상들이 섬들을 퍼 나른다
사람들은 섬 구경하고
섬은 사람들 감상한다

출렁대는 바닷물은 아기 요람같고
내리 쬐는 햇빛과 서늘한 바닷바람이
서로 화친한다
여행객 가득 실은 배들은 바다의 꽃
사람 좋고 섬들 좋고 바다 좋아
이곳이 천하의 무릉도원
이곳이 파라다이스라 뉘 아니했던가?

* 베트남 관광지

도림천 친구들

긴 목을 세우고 먼 곳만 바라보는 왜가리들
물속에 발 담그고 무슨 생각을 하고 있는지
운동도 사냥도 안하면서 시상에 젖어 있는가
고고한 그들 여럿이 모이지도 않고 홀로

새끼 여러 마리씩 거느리고 뽐내는 청둥오리들
작은 바다에 함공모함 처럼 여유 만만하다
어쩌다 무리들과 떨어져 텃새가 됐지만
사람들 사랑받고 자유를 만끽하니 행복이어라

몰래 풀숲에 알을 낳아 새끼군단 거느린 잉어들
천적도 없이 마음 놓고 유영하며
사람들 사랑 듬뿍 받는다
물이 잦아드는 가뭄이여 오지마라

여기저기에서 사람들과 어울리는 비둘기들
어른이나 아이들이나 모두다 친구다
잘개 썰은 식빵을 나누어 주는 노인들
일일일선 하는 분들의 보람이네

이따금 끼어드는 까치 참새들
남들 부러워 인간에게 다가온다
사람들 사랑을 얼마나 받는지
다 알고 찾아들어 친구한다

행복한 마을 보며 햇님도 웃고 간다.

꼴라쥬(Collage)

미술품만 꼴라쥬 하는 줄 알았더니
조각품만 꼴라쥬 하는 줄 알았더니
사진만 꼴라쥬 하는 줄 알았더니

가짜와 진짜가
無무와 有유가
生생과 死사가
정치와 경제가
권력과 언론이
검찰과 언론이
정치권력과 검찰권력이
세상만사가 꼴라쥬 한다네

얼라리 꼴라리
별것들이
다 나서
꼴라쥬를 망신시키는구나!

파카소가 살아서 와 본다면
망연자실 아니할까!

즐거워라 이 세상

내가 노래하고 싶을 때
새들이 노래 불러준다
내가 춤추고 싶을 때도
나무 잎들이 춤춰준다
내가 헤엄치고 싶을 때는
물고기들이 헤엄쳐주고
내가 울고 싶을 때, 그 때는
하늘이 눈물 흘려준다

내가 웃고 싶을 때는
꽃들이 웃어준다
내가 즐거워 뛰고 싶을 때
강아지들이 먼저 뛰어준다
내가 여행하고 싶을 때는
하늘에서 비행기가 날아간다

나는 보고 느끼면 된다
나의 대역들이 다 해 준다

이 모든 것들 있어 즐겁다
아름다운 세상 있어 고맙다
무한히 그리고 끊임없이.....

생각과 행동이 다를 때

공기 햇빛 물 없이 살 수 없다
하지만
태풍도 바람이고 공기인데
미움 받는다
장맛비도 물인데
미움 받는다
7월의 땡볕도 빛인데
미움 받는다
같은 것이라도 행태가 달라지면
이로움과 해로움으로 갈라진다
사람도 생각이 다르고 행동이 다르면
네편 내편으로 갈라진다
그래서
태풍이, 장맛비가, 땡볕이
사람들에게 실례를 보여주는가 보다.

제 4 부

물방울의 호령

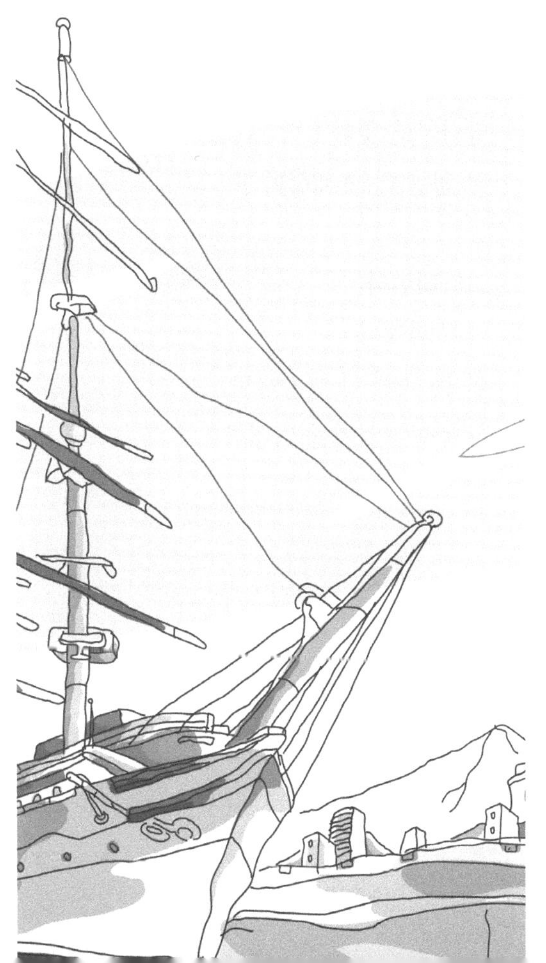

첫 눈 온 날

흰 눈 덮힌 세상
바람이 놀러왔다
소리가 스쳐갔다
노란 빛이 흰 빛과
찬란하게 어울린다

아직
사람도 강아지의
발자국도 없다
티 없는 하얀 세상이다

기다리련다
언제 까지나
흰 눈 위에 한 발자국도
남겨지지 않기를 기대하며…

파도

오늘도 바다에 파도가 인다
파도가 있기에 바다다

파도의 이랑사이엔
겹겹의 사연들이 깃들어 있다

슬픔과 기쁨
회오와 눈물
사랑과 증오
아픔과 치유

오늘도 그것들이 밀려오고
쓸려 나간다

그러기에
사람들은 넋 나간 철새처럼
하염없이 파도를 바라본다
대가없이 파도를 사랑한다

국경 없이 살 수 있다면

공중을 나는 새들
숲속을 지키는 동물들
강물과 바닷물
바다 속의 물고기들에게
국경이란 없다

인간만이 국경 속에 갇혀
아옹다옹한다
자유를 외치는 이유가
거기 있을까

그러나 인간이 국경없는
자유를 누린다면
세상이 모든 죄악으로 더욱
붉게 물들겠기에
국경은 필요했나보다

그러기에 더욱 그리운 건
새들 바닷물 동물들 물고기의
자유로움 바로 그것이다.

삼각산 추억

시리도록 푸른 하늘 두려워
더 찌르고 올라가지 못한 한숨
등산객 땀방울 되어 떨어진다

신이 떠 올려 하늘가에 닿게 하더니
푸른 기세에 밀린 산정은
기어이 그 이상은 미치지 못했는가

태산보다 높은 산이
백두산보다 뾰족한 산이
오르려 오르려 해도
미끄러지는 정상 큰 바위

고무신 벗어들고 양말발로
모진 바위 땀으로 적시며 오르던 때
큰 녀석들 틈에서 길 잃을까 걱정했다

푸른 이끼로 장식됐던 바위
서울의 연탄가스 독에 흰색으로 남았는데
아마도 하산했을 때 나의 얼굴도
그 만큼이나 창백해 있었을
국민학교 3학년 추억이 물결쳐 지나간다.

다듬이질

혼자 하는 다듬이질
현 하나 소리 둘
둘이 하는 다듬이질
현 둘 소리 넷
시골마을 콘서트홀이
음악으로 꽉 찬다

여수의 아름다운 탄생

삼백육십오일 일 년 내내
하늘에선 별들이 매일 한 개씩
내려와 바다 품에 포근히 안기었다
여기가 바로 여수바다 마을

대양의 바닷물이
여기로 와 모였다가
우렁찬 힘 받아 뿜어내며
여기에서 갈라져나간다
인도양으로 태평양으로

거문도 등대가 뭇 배들
오가는 길 인도하고
칼치를 모아오는 배들
불빛 하늘 놀라게 하는데
돌산대교 칠색 빛은 여수의 희망

이순신장군과 모세의 기적

왜구의 끈질긴 침략에도
거북바위 보고 거북선 건조하고
나라를 지켜낸 위대한 이순신 장군

장군을 기념하는 수군대첩비
덕을 기리는 타루비(墮淚碑) 예 서있고
거북선대교 늠름하게 뻗어나가
고난의 역사 일깨우고
나라의 미래 지켜주는 곳

영취산에선 진달래 붉게 타고
산업단지에선 기계소리 요란한데
사도에선 모세의 기적이 일어나고
청동기시대 고인돌 무덤들
여수 고대역사 캐고 있다.

여수, 세계 바다의 시작

모여라!
흑룡(黑龍)이 하늘로
웅비(雄飛)하면서 한 말.
"살아 있는 바다, 숨 쉬는 연안"에서
백여 개 나라 칠백만 세계인들이
일백 일간 춤추며 놀다 간곳
장하다, 2012년 여수 엑스포!

"SEA" – Science, Enjoy, Art
세계인들 꿈의 향연이었던
여수의 혼이 바닷물 타고
흘러 흘러 오대양 찬란히 빛낸다
수백만 세계인들이 추억하는
여수 곳곳에 오늘도
노랑머리 까망머리 빨간머리
만국인들 거리를 누빈다

오, 오동도!

하늘에서 떨어졌더냐
한려해상 바다에서 솟아났더냐
봉황새인가 오동잎인가
동백꽃 뒤덮힌 오동도여라

미녀가 도적을 피하다
창파에 몸 던져
그 절개, 동백꽃으로 환생한
여심화(女心花)의 섬이어라

오동도 다른 이름, 대섬(竹島)
이순신 장군이 대나무를
심게 한 섬, 대나무를 다목적으로
사용하게 했던 얼이여
영원히 살아 숨 쉬어라

내가 만일 작가라면

내가 만일 시인이라면
나는 여수에 가 보겠다
거기엔 내가 쓸 소재가
천개도 더 될 것 같다

내가 수필가라면
나는 여수로 달려 가겠다
가며 쓰고 보며 쓰고 오며 쓰면
수 십 편을 쓰고도 남을 것 같다

내가 소설가라면
여수에서 십년은 살아 보겠다
거기엔 캐도 캐도 나오는 역사와
전설이 뽀얀 안개 헤집고 나오리니

내가 화가라면
둥둥 떠 있는 여수를 그리겠다
바다와 섬, 다리와 공원과 하늘을
거기엔 사랑과 자연과 먹을 것이 넘친다

내가 영화감독이라면
육지와 바다가 손잡은
여수 영화 한편 만들어
국제 영화제에 출품하여
그랑프리(Grand Prix) 받으리라

美港미항, 여수는 부른다

여수 KTX 엑스포역에서 내리자
여수 공항에서 내리자

오동도 향일암 해상케이블카가
해양수산과학관 하멜전시관이
평화테마촌 민속전시관이
세계박람회장 진남관 예술랜드가
충민사 이순신대교 거북선대교가
돌산공원 돌산대교가
반갑게 맞이한다

또 저 멀리에선
손양원목사 유적공원 흥국사가
굴전여가캠핑장 경도해양관광단지가
봉황산 자연휴양림 금오도비렁길이
거문도등대 영취산 진달래가
세계인에 손짓하고 한국인들의
발걸음 재촉하고 있지 않는가!

가자
오, 기적의 코리아로
아, 아름다운 여수로.

얼굴 주름살

세월은 보리밭골 같은
시간의 주름살을
내 얼굴에 그려 놓으려는가
영구히 조각하려는가
오늘 너는 내개 말하라

세월아

지금 나는 공중을 날고 있다
해와 달, 별들에게 더 가까운
친구가 됐다

저들이 안다
그러니 세월아
바른대로 말해다오

네가 아무리 구름 뒤에 숨으려 해도
나는 그 구름 위에 날고 있다는 걸
너도 알고 있겠지
세월아, 내 얼굴에 주름살
너무 깊게는 조각하지 말렴.

편한 세상

여당도 야당도 아니라 편하다
장관도 의원도 아니라 편하다
대기업 회장도 사장도 아니라 편하다
대궐같은 집도 아방궁 아파트도 아니라
편하다
은행금고도 집금고도 필요 없어 편하다

금숙이네는 주식하다 십억 날리고
은순이네는 비트코인에다 이십억 날리고
동자네는 놀음하다 삼십억 아파트 날리고
모두들 노점 사장하며 월세 지하방에서
산단다

이 편한 세상에서 마음 편한 것이
진정한 편함이라고 여러 사람이 말했다더라

가난은 죄가 아니요
게으름과 사치와 낭비가 죄인데
나라 살림꾼들이 큰 죄인일 때도 많더군

물방울의 호령

샘물 방울 하얀 모래 밀어내며
세상 밖으로 뛰쳐 나오더니
승리를 자축하듯 춤추며 흐른다

물길 막는 큰 바위에겐
비키라고 호통친다
안 비키면 돌파한다고
소리 지르며 타고 넘는다

강물과 합세하더니
바다에 이르러서는
모아둔 힘 쏟아
집채 만 한 파도 일으킨다

방울방울 솟던 여리디 여린 샘물
바다에 가서 세상을 호령할 줄이야!

나의 구원자

당신은 나의 디딤돌이십니다
개울에 물이 불고
집으로 가는 길이
물로 막힐 때
당신은 디딤돌을 놓아 주셨죠

당신은 나의 의사이십니다
나의 몸이 쇠약해지고
나의 정신이 몽롱해 질 때
당신은 신약으로 구약으로
나를 치료해 주셨죠

당신은 구원자 이십니다

어차피

비가 억수같이 쏟아진다
바람이 태풍처럼 몰아친다
아무려면 어떤가
어차피 방콕 '사회거리두기'인데

청명한 하늘이 밖으로 유혹한다
신선한 공기가 밖에서 유혹한다
그러면 무엇하랴
어차피 집콕 자택 연금인데

눈이 올지도 모르겠네
내가 좋아하는 그 눈이 쌓이겠네
그렇다고 무슨 소용인가
어차피 재택 '생활거리두기'인데

한강에 얼음이 얼지도 모르겠네
스케이트도 탈만 하겠네
그것도 그림의 떡
어차피 마루바닥 미끄럼이나 탈것을

코로나야 너의 성(姓)은 '어차피'였구나.

열네 개의 물음표

꿈을 꾸라고?
환상을 가지라고?

늙어서의 꿈은 무엇일까?
구구팔팔(9988)?
아니 일이삼사(1234)?
돈? 명예? 권력? 사랑? 건강?

환상을 가지라고?
좋은 병원에서 잠드는 것?
리무진 타고 산으로 가는 것?
로또 일이등 하는 것?

주여, 그래도 꿈과 환상을 갖게 하소서
후회없는 삶을 위한 꿈과 환상을
주님, 그 길로 인도하소서.

슬픔이 꽃잎처럼

봄바람이 피워낸 꽃잎이
속절없이 지고 있다, 바로 그 바람에

세월이 안내해 온 꽃잎이
초라하게 지고 있다, 바로 그 세월에

세상에 믿지 못할 건 사람이라더니
바람도 세월도 다 못 믿겠구나

슬픔이 꽃잎처럼 흩날리네
바람처럼 세월처럼 불어오고 달려가네

아! 믿으며 살아가야 할 것이
이다지도 없다니
믿을 건 변함없는 산과 돌과 흙뿐.

코로나19 · 1

(2월)

원조의 이름은 중국의 '우한 폐렴'
개명한 이름은 '신종 코로나 바이러스'
확정된 세계 공통 이름 '코비드-19'
한국식 이름 '코로나19'

세계보건기구가 갈팡질팡하는 사이
바이러스는 이름을 세 번이나 바꾸며
그 좋은 이름 '왕관'이
병균관으로 변신하여 세상을 농락한다

현미경으로나 보이는 바이러스 공포로
덩치 커다란 인간들이
집안에, 방안에, 병원에
숨죽이며 감금되다니…

뒤돌아보아야 할 일은 우리 인간들!
숙주 동물 날로 먹고 그 피 마셔
바이러스에게 정복 당하지말 일!
세균으로 전쟁하려다 공멸 하지말 일!

하나님 억울합니다

하나님 억울합니다
주시는 빗물만 마시고
푸르게 자란 저를
초식동물들이 마구 짓밟고
뜯어 먹습니다

하나님 저도 억울합니다
저의 죄는 푸른 초원에서
풀 뜯어먹고 사는 것 밖에는
없는데
저를 왜 육식동물들이
마구 잡아먹게 놓아두십니까?

하나님 저도 억울하기는
마찬가지입니다
저는 풀도 먹을 줄 몰라
초식동물을 잡아먹어야 하는데
사람들이 저를 총으로 쏘아
잡아 갑니다

식물 초식동물 육식동물
가리지 않고
잡아먹기만 하는 사람들을
하나님은 왜
손 놓고 계시나요?

벚꽃, 비, 바람에게

벚꽃아, 빨리 지지 않고
오래 머물러 있어 고맙다
집에, 방에만 머무는 사람들이
꽃 오래보고 위안 받으니
큰 위로 된다.

금년에는 삼사월에 비, 바람
잦지 않으니 고맙다
벚꽃 흔들어 서둘러
떨구지 않으니
큰 위로 된다.

코로나19에 시달리는
인간들을
조금이나마 위로해 주니
벚꽃이, 비가, 바람이
고맙다.

꽃도 져야 꽃이다

잠시 피었다 지는 꽃도
백 년에 한번 피는 꽃도
한번 지기는 마찬가지
꽃은 피었다 져야 꽃이다
꽃진 자리에 열매 열기에

벌 나비 찾을 때가 청춘이요
질 때는 황혼기요
열매 맺을 때는
역사의 향기 뿜을 때라

꽃도 인생도 세상사도
모두가 그럴지니
모든 생의 주기는
이토록 분명하고 아름다운 것을…

제 5 부

못자리 추억

둥근 달

곱고 고운 보름달
구름 헤치고 나무 숲 지날 때
나무 가지들 둥근달 시샘하여
조각조각내고 갈기갈기 찢었다

나무 숲 헤집고 중천에 떠오르니
상처 난 모습 하나도 보이지 않고
아픈 기색 하나 없이
큰 미소로 둥글게 솟았구나

찢긴 상처야
고운 구름이 감싸주고
아픈 가슴이야
푸른 하늘 은하수가 만져주니

그 둥그런 모습 장하기만 하여라.

낙엽과 비

가을을 한 번에 날려 보낼 듯이
휘몰아치는 바람 불러와
단풍 물든 나뭇잎들 풍구질 하더니

오늘은 비에 젖은 낙엽과
대지를 천생연분으로
짝 지워주었구나

낙엽을 땅위에 눕히기도
엎드리게도 하더니
오색 양탄자 되었구나

오늘은 청소부도 쉬는 날
낙엽이 모처럼 행복한 날
바람에 이리 저리 뒹굴 일 없이
평화가 찾아온 날.

보리타작 마당

따겁다
양어깨에 쏟아지는 태양볕
옷속을 파고드는 보리수염
도리깨질 지켜보는
사람들의 시선까지

그래도
타작마당은 잔칫날이다
첫 손님은 불청객 참새들이다
막걸리와 구성진 노랫가락이
일꾼들 흥을 돋운다

빈 쌀독이
보리쌀로 채워질
그 날이 오늘 내일이다

보리쌀이 볍쌀보다
값이 싸던 시절이야기.

바이러스 퇴치를 위한 기도

하늘에 동그란 흰색 구름 조각
땅 위에 납죽 엎드린 민들레 꽃
공중에 매달린 벚꽃송이
물 속에서 오글대는 개구리 알들
가물 가물대는 신문기사들
모두가 바이러스로 보인다
바이러스 노이로제다

부활하신 주님
이 땅 고쳐주옵소서
바이러스를 흔적도 없이
소멸해 주옵소서. 아멘.

나의 아버지

"일상의 사소한 불법행위도
못참는 성격"

중앙일보가
1982년 12월 27일 월요일
제5329호에
독자 "투고 1위 李圭儀이규의씨"
제하에 넣은 소제목이다

그 해에 57건을 투고하고
16건이 신문에 게재되어
1등에 오르셨고
객원기자라는
별칭까지 얻으셨다

내가 스페인 생활을 마치고
미국으로 가기 직전
태국 방콕에서 활동할 때
아버지는 그런 면으로
한가할 틈이 없으셨다

38년 전의 일
아득타 어이하리
지금은 남기신 신문기사로
매일 나의 서재에 함께 계신다.

못자리 추억

못자리 논에는 뭇 생물들이 얽혀 산다

거머리가 사람의 종아리 피를 빤다
발바닥 밑에는 우렁이가 밟힌다
황새가 날아와 우렁이 속살 쏙 빼 먹는다
못자리 한가운데는 뜸북이가
아늑한 집을 짓고 새끼치고 살다 간다
물뱀이 물살을 가르고 지나간다

농부들은 못자리에서 모를 쪄다가
이 논 저 논에 모를 심는다
저들은 신바람이 난다
점심에는 농주가 흥을 돋운다
풍년을 기약해 주는 못자리가 있어서다.

콸콸콸

논두렁 지날 때
손가락만한 구멍 하나 있더니
돌아올 때는 쥐구멍만 해졌네

방안에 누워서도 자꾸 떠올라

삽 들고 다시 가 보니
세상에
봇물 터져
콸콸콸 쏟아지고 있었으니.....

어린 학생들에게

두세 식구 사는 집인데 매일 싸운다
이 삼 십명 모여서는 매번 싸운다
이 삼 백명 모여서도 매번 싸운다
키가 작아 계속 싸운다

키 작으면 산에 올라 하늘 보라
파도 위에 몸 던져 땅을 보라
싸움이 최상의 것이던가

물어보라 대자연에게
내일일도 모르면서
오늘을 왜 쥐어 뜯어야 하는지를.

눈에 뜨는 별

눈에 별이 뜬다
하나는 엄마별
하나는 아빠별
하나는 사랑별
하나는 친구별
하나는 모르는 별
다섯째별이 무슨 별인지 모른다
그냥 '그리움의 별'이라
숨겨 둘까.

변하는 지구

태어나면서 본 지구는
사각형이었다
자라면서 본 지구는
수평이었다
학교에 들어가서 본 지구는
둥글었다
지금 와서 보니 지구는
톱니 바퀴였다.

나와 삼촌들 1

혼자 겨울 땔감을 준비하느라
애쓰시던 둘째 삼촌이 애처로워
어머니는 특별히 따듯한 점심을
정성껏 준비하시곤 했다

중학생인 나도 공부를 뒤로하고
일요일 지게 둘러메고 높은 산으로
올라가 나무 등걸을 캐 왔다
텃밭에 쌓이는 땔감에
온 식구가 기뻤다

족제비 사냥꾼 삼촌
늦은 오후 나를 데리고
깊은 산골에 족제비 덫을 놓고
거기 걸린 족제비를 거두러 다녔다

아카시아 생나무
군불거리로 베러 나가신 삼촌
나는 삼촌 방에 군불을 땠다
연기가 굴뚝으로 나가는 대신
내 코로 확확 밀려들었다

그 분, 지금은 안계시지만
삼촌과 나는 그런 세월을 함께 했다

나와 삼촌들 2

셋째 삼촌은 새 사냥꾼
사랑채 뜰에 바소코리 덫을 놓아
참새들을 불러 모아 낚아채고
때론 고무줄 새총으로 사냥도

구렁이가 웅크리고 있을 법한
초가지붕 밑에 손을 넣어
참새를 잡는 사냥 선수셨다
나는 올라서신 지게를 꽉 붙잡고
플래시로 참새 굴을 비치는 동업자

늦은 밤
딱따구리 사냥은 스릴 만점
밤나무에 두개의 굴이 있다
한 개의 굴을 막고
한 개의 굴에 플래시를 비추면
왕방울 눈 딱따구리는 삼촌의 것

장맛비가 온다
우이동 고개에서 흐르는 큰 개울
농토로 흐르는 지류를 막는다
팔딱이는 불거지 메기 뱀장어 어장
풀잎에 쐐기는 팔과 다리를 쏴댔다

그 분, 지금은 안계시지만
삼촌과 나는 그런 세월을 함께했다

동갑내기 고모님

고모님이 아프시다
요양병원에 입원하셨다
나와 동갑내기 고모님
열 살 위셨지만
해마다 열 단위 떼고 하나 둘 셋
같이 나이를 먹게 되니
내가 '우리는 동갑이야요'
하고 부터 해마다 설날이면
'우리는 동갑이다'라고 했다

한 지붕 아래 동갑이
또 한분 계셨다
셋째 숙모님
우리 셋이 함께 앉으면
동갑내기라고 그렇게
행복해들 하셨다

숙모님은 세간을 나가시고
고모님은 시집을 가셨다
동갑내기 모두가 뿔뿔이 헤어졌다
그리고
숙모님은 슬프게도 일찍 소천하셨고

고모님은 지금 안녕하지 못하시다

내가 교복에 멋진 마크 단 대학생이 되어
가슴에 빛나는 배지를 달고 방문하면
고모님은 몹시 자랑스러워 하셨다
그렇게도 응원 받는 기분이었나 보다

나는 사돈 할머니 드시라고 과일 사들고 가면
학생이 무슨 돈이 있느냐며
배웅할 때 은근히 쥐어주시던
꼬깃 꼬깃 접은 용돈!

어제는 나 혼자 문안을 갔었다
전철타고 버스 갈아타는 먼 길
귀가 밝고 말을 잘 하시어
안심은 되었지만 누군지 잘 모르신다
집에 돌아와 아무것도 손에
잡히지가 않았다
동갑내기 고모님, 그분이 아프시다
내 마음이 이토록 아프고 텅 비었다.

텅 비었다

병원 의원 약국이 텅 비었다
극장 음식점 카페 학교가 텅 비었다
은행도 사무실도 텅 비었다
사람들의 마음도 휑하니 비었다

모두들 표정은 퍼렇게 멍들었다
기쁨 사라지고 희망 도망갔다
나라의 기운 쇠약 일로다

가득 찬 것이란
사람들 얼굴에 마스크
덩그런 빌딩 안에 차갑게 드리운 공기
중국 우한*에서 세 번에 걸쳐
국민 가득 태워 온 비행기 뿐
모든 것이 텅 비어있다

주여,
막 살아온 인간들을 용서 하소서
이 세상을 소생시켜 주소서
텅 빈 곳에 생기가 가득하게 하소서

* 중국 우한(武漢): 세계를 죽음의 공포로 몰아넣은
2020년 1월 코로나19 발생지

공원에서

홀로 걸었지
누워 있는 돌, 서 있는 돌
까치 낙엽 풀
고목들 뿌리가
흙 위로 불거져
내 손등 닮아
손 흔들어 인사 했네

20세기 우비의 기억

억수같은 비, 온몸 후려치니
최고의 보배 책가방을
우비 속에 감추고 싸안아도
다 젖는다 책도 옷도 마음까지도

우비안쪽 아랫부분 고무 다 떨어져
너덜너덜 천 조각만 너풀너풀
더 이상 우비가 못 되니
빗물이 젖은 우비 타고 기어올라
상의까지 적신다, 뼈 속까지 스며든다

어느 청명한 날
마루 기둥에 걸린 새 우비
깜짝 놀란 나에게 어머니가
아버지께서 새로 사 오셨다고
얘기도 안했는데...

어쩌다 아버지께 발각된 일기장
거기 우비에 대한 애절함이
그려져 있었기에...

고맙던 헌 우비여 안녕~~
고마운 새 우비야 안녕!!

미니 책보

해방첫해 아침 햇살 마중하며 학교엘 간다
검은 보자기 책보가 너무 작아서
간신히 어깨에 잡아매고 달려간다
왜 큰 책보 만들어 달라고 못 했을까
그저 엄마 속 태우지 않으려고
자꾸 풀린다. 잡아매도 또 풀린다
등교 길은 멀어 동네에서 제일 멀고
필통에 연필들은 뛸 때마다 함께 뛰며
달그락 달그락 노래를 부른다
발걸음과 달그락 소리는 박자가 안 맞아
탁-탁- 맞으면 신이라도 날 텐데...
학교에 가 보면 연필심들이
화가 나서 모두 부러져 누워있다
그래도 공부는 재미있었으니...

인간 곰 발바닥

새까만 고무신이 눈을 반짝이며 방긋 웃는다
국민학교 다닐 때 짚신 안 신고 고무신
신는 게 얼마나 신났던가!
고무신은 뒷바닥이 두터운데도 빨리 닳는다
작은 구멍으로 고운 흙이 들어온다
구멍이 커져 갈수록 들어오는 모래도 굵어진다
모래가 발바닥을 마구 찌른다
발 마사지를 해 주려는가?
빨리 뛰면 더 깊이 찌른다
발바닥이 아프다
왜 참기만 하고 지냈는지
발바닥이 곰 발바닥처럼 굳었다
그래도 고무신을 닦으며 혼자 웃었다
바보처럼
그러나 승자처럼.

꼬마 의사 선생님

해방 후 국민학교 2학년 학예회 준비를 했다
나는 의사, 박애숙은 할머니 환자
커다란 선생님 가방 끌고 왕진을 나가
그녀의 가슴에 청진기를 댔다
그의 몸이 떨렸다, 의사인 내 손이 찌르릉 했다.

연습하느라 혼자 늦게 귀가 했다
집에 오는 길엔 움푹 파인 개울이 두개
풀숲에선 솔새와 쥐들이 잠자리 다툼 했다
그때마다 머리털이 삐죽 섰다.

길옆에 喪輿都家*상여도가 한 채 있어
죽은 영혼들 곡소리 내며 따라 왔다
큰 기침으로 맞대응 했다
뒤 돌아보지 않는다, 돌아보면 진다
돌 몇 개 손에 든 채 간신히 집에 왔다
따라붙는 죽은 영혼 수백을 물리치고.
그럼, 내가 그래도 의사인데.

*喪輿都家상여도가 : 상여와 그 도구들을 보관하는 작은 창고용 집

새끼줄 공

개울 옆 모래사장이 축구장
공은 새끼줄로 둘둘 감은 덩어리
한 팀에 두 명씩
골대는 돌멩이 네 개
룰도 없다
핸드볼과 드로잉 정도
경기는 팽팽하다
승부가 잘 안 난다
오랫동안 승부가 안 나면
결국은 마구 우기기 말싸움
최후엔 몸싸움으로 끝난다
코피 나는 쪽이 지는 경기다
그래도 내일 또 만나 같이 논다.

해방 눈깔사탕

국민학교 들어가니
1945년 해방된 해라고 학교에서
색색이 눈깔사탕 한 개씩 주었다
처음 먹어보는 맛이 그만이다

일본 경찰 놈들이
할아버지께 와서는 창씨개명[1)]
안 하신다고 "빠가야로"[2)] 하던 놈들
밀주 담그지 않나 가끔 조사를 나오던 놈들
바다 건너로 다 도망가니
머리가 시원코 뱃속이 시원했다
할아버지께서 이기셨다
우리가족은 창씨개명 안하고
해방을 맞았으니...

1) 일본식 이름으로 이름을 바꾸는 것
2) 일본어 욕

왕복 50리 등하교 길

중학교 가는 길은 이십 오리 길
왕복 오십리, 다섯 시간 길이다
새벽밥 먹고 떠나 어두워서 귀가 한다
공부 할 사이가 없다
머리만 믿기엔 너무 벅차다

그래도 숙제는 빠지지 않고 한다
가정교사는 나의 삼촌
한문과 국어과 가정교사시다
학교갈 땐 손안에 들려 있는 나만의 노트
빼곡히 적힌 메모지가 나와 동행 한다

귀가해서 밥 먹고 나면
등잔 불 밑에서 숙제를 한다
고단하여 등잔이라도 치면
등잔이 엎어져 책 위를 덮는다.
공부도 하다 자고, 자다 한다
그래도 공부랍시고.

공부, 길에서 하는 것

등교길 두시간반이 공부시간이다
영어 단어장이 나를 반긴다
도로에 표시된 미군용 싸인들이
영어 보조 선생님
Slow, Steep Hill, Narrow Bridge, Danger 등

집은 제일 멀어 날마다 뛰는 등굣길
호주 군인 물 길러 가는 차가 온다
더 급한 척 빨리 뛴다
다른 애들은 보통 "Ride me 나 태워줘!" 한다
나는 공손하게
"Would you please ride me?
좀 태워 주시겠어요?" 한다
내가 집어 타고 달린다
겨울이면 따듯한 히터가 몸을 녹여주고
제일 꽁지에 있던 내가 제일 앞서 등교한다

그 호주 병사 이름 못 물어본 게 후회된다.

[평 설]

시로 밝혀지는 별빛

1. 시작하면서

인간을 정의하는 요소는 여러가지인데 생물학적 요건이 아닌 인간성이라는 무형의 정의로 들여다보면 그 내면에는 또 헤아릴 수 없이 많은 요소들이 내장되어 한 사람의 인격체를 구성하고 있음을 알 수 있다. 누구나 현재에 이르기까지 다양한 이유로 자아와 자아 밖의 세계는 끊임없이 갈등과 화해를 거쳐 왔으며 그 기억이나 상흔들은 심리적 기저에 저장되어 있다.

예술은 인간과 세계 사이의 갈등이나 화해에 화두를 두고 이를 표출해내는 작업을 한다. 그 중에서 詩는 언어를 통하여 인간과 세계를 잇는다. 인간을 사회적 동물이라고 했듯이 우리의 삶은 다양한 형태로 개인과 개인 간에 유기적 관계를 맺고 있다. 하지만 시는 전적으로 시를 쓰는 시인만의 독자적인 개별성을 갖는다.

록산 이기태 시인이 두 번 째 시집 『오라, 저 찬연한 별빛이여』를 상재한다. 첫 번째 시집 『작은별 숲에 머물다』 이후 불과 두해 만에 시집을 묶는다는 것은 그만큼 열정적으로 시와 겨루있다는 이야기가 된다. 여기에는 흔히 '숙명'이라고 하는 문학적 소명에 이끌려 있었다고 볼 수 있다.

첫 번째 시집의 서문을 보면 중학생 시절에 다니고 있던

중 · 고등학교 교내 백일장에서 전교 수필 장원을 한 경력을 볼 수 있다. 순수한 청소년시절에 얻은 이런 경험으로 인해 그는 학교를 마치고 세계 여러 지역에 주재하는 글로벌 직업인으로 활동면서도 일기 쓰기를 게을리 하지 않은 것이며 기행수필집이나 산문집을 내기도 하는 등 문학의 영역 안에서 머물렀다는 것 역시 그 약력에서 알 수 있다.

오랜 외국 생활 및 번역 작가로 활동하면서 틀이 잡힌 그의 시작법은 서구적 색채를 지니고 있으며 특별한 시적 기교가 없이 담백하다. 수사적 기법없이 상식과 지식과 경험이 축적된 그의 세계가 시를 통하여 직설적으로 토로된다. 다만 온유하고 유연한 성품을 바탕으로 하기 때문에 소란스럽지 않다.

삶의 여러 모퉁이에서 만나는 진실을, 혹은 진실된 소리를 그대로 드러내는 것으로 특징을 이루고 있는데 이런 그의 시편들에서 통시적으로 흐르고 있는 특징을 '관조와 포용'과 '인지와 결단'의 성격으로 나누어 몇편을 살펴본다.

2. 시로 밝혀지는 별빛

1) 관조와 포용

예술과 철학은 과학과 달리 근원성을 추구하는데 초점이 있다. 철학은 그리움을 드러내는 방식을 분석하여 인간과 세계간의 관계를 밝히고 그 현재성과 역할을 제시하는 것이지만 냉정하고 단호하다. 그러나 예술은 인간 본연에 내재하고 있는 그리움 즉 근원지향성을 승화시켜 존재를 위로하고 화해를 모색하는 역할을 한다. 문학, 특히 시는 시인은 자신에게 내재되어 있는 시적 기반을 토대로 하고 적합한 시어를 통하여 그리움의 결을 그 깊이와 함께 형상화하여 제시한다.

가슴앓이로 길어 올린 그대 그리움이
가녀린 거미줄타고 달려온다

연기 피우듯 뽀얗게 하늘로
물안개 자욱한 강물위로
구름처럼 뭉게뭉게 피어올라
어느새 거위 털처럼 포근히 안긴다

소슬바람 빌려 타고 날아와
슬픔은 편지지에 스며 번지고
맑은 물에 피라미 떼로 몰려들다가
폭풍우 되어 가슴속에 쏟아 붓는다

나뭇잎 살랑대는 소리
살포시 가슴 안에 담은
샘물 같은 꿈길에서라도 만나질까

눈물 방울방울 줄 잇고 이어
그리움에 물들어 푸른 저 별빛!
구름을 넘고 건너
온 밤 비추며 전해온다

—「그리움」 전문

우리의 삶에서 그리움은 그 대상이 무엇이든지 늘 내면에 자리하고 있다. 현재의 삶에 골몰하고 있어도 우리는 자주 가슴

한 켠이 비어있는 느낌을 갖는다. 바쁠 때는 잊은듯하지만 잠시 마음을 내려놓으면 막연히 아릿해지는 느낌, '가슴 앓이'로 다가 오는 그것을 '그리움'이라고 이름한다. 그리움은 장중하고 거대하게 몰려 오는 것이 아니라 '거미줄'처럼 여리디 여리게 시작하여 차츰 전체를 잠식하고 마는 것에 특징이 있다.

'그리움'이라는 감정의 여리고 아련한 느낌은 '가녀린 거미줄', '물안개 자욱한 강물', '거위 털', '나뭇잎 살랑대는 소리', '눈물 방울 방울 줄 잇고' 등의 시어를 통하여 표출된다. 이렇게 빗장이 풀리면 다양한 감정적 유로를 이끌어 내면서 여리고 몽환적인 그 기운은 배가되고 결국에는 화자의 '가슴 속에 쏟아' 부어지는 '폭풍우'가 되고 만다. 이런 현상은 단지 어느 특정된 시간에만 해당되는 것이 아니고 한순간에 그치게 되거나 때로는 '온 밤'을 내내 시인을 붙잡고 놓아주지 않을 수도 있다.

이렇게 시 「그리움」 에서 진술되는 다양하고 점진적인 전개를 보면 화자의 내면에는 많은 그리움의 기재들이 저장되어 있다. 화자는 이것을 '푸른 별빛'이라는 초월적인 시어로 함축함으로 질량과 무게에 의미를 부여하고 있다. 일일이 다 열거할 수도 없고 때로는 본인조차도 정리되지 않는 내면의 정서는 시의 상징성을 통하여 무의식이 의식의 영역으로 활성화되면서 의미를 갖는 것이다.

빛이 있는 곳이면
나를 따르는 존재가 있다
음성도 영혼도 없다

내가 부른 적도
배척한 적도 없다

때로는 나보다 큰 몸집으로
때로는 아주 작은 몸으로
나를 따라 다닌다

그에겐 이목구비도 없다
늘 검소한 검은색이다
말을 하지 않으니
부를 수도 쫓을 수도 없다

존재와 부재를 반복한다
불가사의하나 어쩔 수가 없다
때론 억울하기도 하다
일방적이어서…

그래도 내 부속물이니
있는 그대로 사랑하자

—「그림자 1」 전문

내가 아닌 내가
나를 흉내 낸다

—「그림자 2」 전문

화자와 '그림사' 산의 정반합의 관계 가운데 존재론적인 고찰이 드러나는 시이다. 모든 물체는 '빛'의 앞에 있으면 그림자가 있어야 한다. 그러므로 그림자가 있다는 것은 존재자가

현존하고 있음을 의미한다. 대부분 이런 생물적 그림자에 큰 의미를 부여하지 않고 또 불편해하지 않는다. 그림자는 '나'로 인해 생긴 것이므로 언제나 어디서나 '나'와 꼭 같아야 한다고 우리는 생각한다. 그래서 언제나 나와 한몸이라고 치부하고 마는데 이것은 과학이 지향하는 과학적 사고이다.

시인의 세계에는 이 '그림자'에 생명을 부여한다. 자기 자신을 투영시키는 것이다. '늘' '검은색'이고 '말을 하지 않'으며 '부를 수도 쫓을 수도 없'는 그림자가 때론 '나'의 어떤 속성을 지닌 듯 '내가 아닌 내가 / 나를 흉내' 내는 별개의 존재로 인식하게 되기도 하는 문학적 사고를 드러낸다. 그림자는 '내가 아닌' 것은 분명하면서도 '내'가 되고 '나를 흉내' 내는 '내 부속물이'다. 그러므로 시인은 그림자에 나의 감정을 이입하여 바라보게 된다. 단지 검은색인 그림자에게 이런 길항적 요소가 있음에도 불구하고 '있는 그대로 사랑'하자는 화해적인 즉 포용의 미학으로 마무리한다.

자작나무 위
매년 삼월이 오면 새들이 날아든다
해마다 한 마리씩 늘어난다
재작년에는 일흔 여덟 마리
작년에는 일흔 아홉 마리
올해는 여든 마리나 왔다

머리 숙여 시를 쓰고 있노라면
새들이 머리 위에 흔적을 남긴다
한 녀석이 한 방울씩
그래 매년 머리가 몇 가닥씩

하얗게 분칠을 한다

누가 나에게 나이를 물으면
나는 빙그레 웃으며
자작나무위에 새들을 세어 보라고 한다.

―「자작나무 위에 새」 전문

노년이 되고 백발이 되는 것을 알레고리적 기법으로 드러낸 시이다. 한해에 한마리씩 날아들어 하얗게 되더니 이제 팔십 마리나 되었다고 한다. 80세 노년이 되었음을 멋스럽게 받아들이는 여유를 보인다. 시적 기법 중 하나인 '알레고리'가 활용된 예이다. '알레고리'의 역할은 하나의 시어를 접하면서 연관된 시의 배경이나 분위기를 드러내는 것에 있다. '흰머리'와 껍질이 하얀 '자작나무' '하얀 분칠'의 관계, '매년 3월이 오면' '한마씩 늘어나는' '새'라 함은 화자의 생월이 '3월'임을 쉽게 추측하게 한다. 흰머리가 느는 것을 나이가 한 살씩 늘어나는 것으로 비유하고 있다. 이렇게 이질적인 요소이지만 연상에 의해 시인의 의도를 드러내고 청자들을 그의 영역으로 이끌어 들이는 알레고리는 시작법의 중요한 요소이다. 다만 여기에 시어의 안내를 통하여 유도하는 연상작용으로 인해 포용적인 시인의 성품을 유추할 수있다. '노년'이라는 정의에 미학적 시각을 부여하는 것이다.

이기태 시인의 세 편의 시를 읽으면 늘 넉넉한 웃음의 뒤에 있는 내면의 세계를 짐작할 수 있다. 현대에 이르러서는 많이 달라졌지만 오랫동안 우리의 보수적이고 전통적인 사관인 가부장적 사회에서는 '남자' 그리고 '남자로서의 어른'은 이상적이며 흠이 없는 인격체여야 했다. '남자', '아버지'는 힘과 권위의 상징이었고 대외적으로 더욱 강인하고 범접할 수 없는 존재가 되는 것으로 주입되어 왔던 것이다.

그러므로 그들에게 나약한 모습은 금기였다. 일제 강점기를 거치고 6.25를 거치며 그 이후에도 다양한 사회적 변화를 거치면서 지금은 예전과 같지 않다해도 '남자'는 감정적으로 흔들리지 않는 견고한 사람이라는 선입견이 있다.

그런데 그런 '남자'이며 팔십년이나된 거목인 그에게 「그리움」이나 「그림자」 1 · 2라든지 「자작나무 위에 새」와 같은 여린 그리움의 결이 있음을 볼 수 있다. 가지가 많은 거목일수록 나무 기둥에는 등껍질이 많이 터져있는 것처럼 팔십년 된 그의 내면에는 다양한 가지와 등터진 껍질이 쌓여 있을 것이다. 중요한 것은 이 그리움이 막연하고 우울하게만 회상되는 것이 아니라 때로 이기태 시인을 행복하게도 했을 것으로 짐작된다. 그러기에 '불가사의 하나 어쩔 수 없'었던 인생의 다양성을 포용하고 '빙그레 웃'는 포용과 관조적 시선을 보낼 수 있는 것이다. 행복은 쉽게 얻어질 수 있는 것이 아니며 외부에서 발견되는 것이 아니라 자신의 내면에서 발견하는 것이라는 쇼펜하우어의 인생론을 적용해 본다.

당신은 나의 디딤돌이십니다
개울에 물이 불고
집으로 가는 길이

물로 막힐 때
당신은 디딤돌을 놓아 주셨죠

당신은 나의 의사이십니다
나의 몸이 쇠약해지고
나의 정신이 몽롱해 질 때
당신은 신약으로 구약으로
나를 치료해 주셨죠

당신은 구원자 이십니다

—「나의 구원자」

'집' '길' '어머니' '고향' '근원' 등은 조금씩 다른 비유로 사용될지라도 문학에 있어서 영원한 주제어이다.「나의 구원자」에서의 '집'은 구원의 상징적 목표라는 의미를 지니고 있다.

'신화 시대'에는 신이 세상 만물을 주관하였고 인간의 생사여탈이 신의 손에 쥐어져 있다고 믿고 있었다. 그러나 현대사회에 이를수록 신은 그 지위를 잃고 인간의 지식이 그 자리를 채워나갔다. 그렇게 신을 추방하였지만 인간은 그 나약함을 채우기 위해 다시 신과 같은 어떤 대상이 필요하게 되었다. 이런 '초월적 사상'은 삶의 끝없는 고뇌로 인해 팽배해지는 허무주의, 허무주의로 인해 더욱 의미를 잃어가는 삶이 기대야 할 어떤 의미가 되는데 이는 다시 '신' 혹은 '神聖'으로 회복되어야 할 수 밖에 없다.

이기태 시인에게 이런 구원의 길은 하나님께 있다. 시「나의 구원자」는 그의 신앙 고백이다. 시의 서두를 '당신은 나의 디딤돌이십니다'와 '당신은 나의 의사이십니다' 라는 화자의 귀납적 고백으로 시작한다. '개울에 물이 불고' '집으로 가는 길이 / 물로 막힐 때 ' '디딤돌을 놓아 주'셨으며 '나의 몸이 쇠약해지고 / 나의 정신이 몽롱해 질 때' 나를 '치료'해 주신 하나님에 대하여 화자는 '구원자' 라고 정의한다. '신약'과 '구약'은 '신약성경'과 '구약성경'의 준말이다.

일반적으로 신앙시에 대한 연구는 시인과 신앙 사이에 어떤 연관관계가 있는지 '신'과 '나'를 에워싸고 있는 '神聖' '世俗'은 어떻게 시를 통해 드러나는지를 파악하고 분석하지만 「나의 구원자」에서 화자의 믿음은 경계를 넘어서서 이미 '하나님께'로 향한 전폭적인 신뢰를 보여 주고 있다. 인생의 고비에서 좌절하지 않고 믿음의 힘으로 날마다 다시 충전하고 일어서는 이기태 시인의 '집'으로 가는 길에는 그의 구원자이신 하나님이 함께함으로 언제나 든든하다.

인생이란 길에서 얼마나 많은 사건을 만나는지. 얼마나 여러번 '집'이라고 하는 목표와 쉼을 향해 가는 길이 방해를 받게 되는지와 그 다양함은 다 말할 수 없다. 하지만 주저앉아서는 안되는 법, 고난을 극복하고 다시 일어서서 미래를 지향하며 나아가야 한다. 이럴 때 무너진 존재감을 회복할 수 있도록 하는 절대적인 의지처가 이기태 시인에게는 믿음의 힘이며 인생사의 잡다한 일에서 심성을 회복하는 관조의 길이기도 하다.

'믿음의 힘'을 일반화시키면 '긍정의 힘'이 된다. 행복은 소

유될 수 있는 것이 아니라 마음의 상태, 다른말로 긍정적인 에너지라고 할 수 있겠다. 즉 모든 인생은 현재에 이르기까지 걸어 온 길에 명암은 있을지라도 신으로부터 받는 '위로'가 있기를 소망한다. 자기의 현재성의 정확한 파악을 하면 부끄러운 일이 있을지라도 「구원자」를 의지함으로 '긍정의 힘'은 더욱 단단하게 되는 것이다. 이런 에너지는 믿음의 영역에도 힘이 되지만 일반적 관계망에도 선한 대응으로 포용력을 발휘할 수 있게 한다.

2) 인지와 결기

시를 쓰는 환경은 누구도 같을 수가 없다. 시적 대상이 되는 무엇인가가 시인에게 내장되어 있는 어떤 시적 영매와 상관성을 갖게 되고 그 관계망에서 의미를 부여받는 것이다.

예술의 절대적인 자유는 사회전체의 영속적인 부자유 상태와 모순을 이루게 되었다고 아도르는 그의 미학이론 도입부에서 말한다. 이는 예술의 단초가 되는 대상을 현재 있는 그대로 두지 않고 예술의 세계로 끌여들여 어떤 미학적 관계를 맺고자 하는 예술의 성향이 자연이나 사회 일반적인 것들의 본래의 모습을 이리저리 다각도로 의미를 부여하는 것을 말하는 것이라고 해석할 수 있다. 또 학자들은 시는 더 이상 인간을 위로하지 못한다고 하기도 했다. 모든 사물이나 사상이나 상황의 현재적 시점을 그대로 수용하는 것이 아니라 '낯설게 하기'라 하는 즉 비틀어 보는 여러 가지 사상적 변용이 활용되기 때문이다. 이에 대한 논의는 다양하고 심도있지만 기본적으로 자연과 인간의 관계의 상관성에 있어서 보이는 그대로가 아니라 그 심층구조를 파악하고자 하는 분석적 경향을 이야기 하는 것으로 이해된다.

이런 가운데 인간의 삶을 기록한 문학작품은 문자의 의미가 심층 분화되어 역사의 또 다른 하나의 증언으로 남아 사회적 상황과 정반합의 기록으로 후대에 전해진다.

바람이 파도처럼 일렁인다
광장을 지켜보는 나무 위에 걸린다
나뭇잎이 목이 끊어질듯 춤을 춘다
광장의 외침이 나뭇잎과 화음한다

변할 수 없고 지울 수 없는
살랑이는 바람이 광장의 증인이다
말없이 서 있는 가로수가 증인되고
수많은 나뭇잎이 증인된다

세월가고 사람가지만
증인은 알고 있다
다 보았다 크고 맑은 눈으로
다 써놓았다 넓고 많은 잎들 위에

거짓 없이 증언하리라, 역사에게.

—「광장의 증인」 전문

'廣場'은 사전적으로 여러 사람이 모일 수 있는 넓은 빈터라는 물리적 해석과 여러 사람이 뜻을 같이 하여 만나거나 모일 수 있는 자리를 비유적으로 이르는 말이라고 정의되어 있다. 두 번째 해석에 덧붙여 시각적인 자리만을 의미하는 것이 아니라 같은 생각으로 뭉치는 현상을 의미할 수도 있다. 밀폐되어 있지 않고 개방된 즉, 사회적 公義, 정의가 외부로 표출될 때의 가시적 현상을 말하기도 한다.

'모든 예술 작품은 순간이'며 '성공한 작품은 모두 집요한 관찰자의 눈 앞에 나타나는 과정의 순간적 정지상태'라고 한 학자의 말을 적용하여 시 「광장의 증인」은 관찰자의 시점에 포착된 '정지상태'이다. 여기 단지 시각적으로는 '정지'이지만 이 현상에 대한 화자의 지식과 의미에 대한 사상으로는 생명성을 부여받는다.

'바람'과 '가로수', '나뭇잎'은 광장에서 일어나는 일에 참가자이며 또한 증언자적 역할을 한다. '바람이 파도처럼 일렁이'는 이 의미하는 것은 어떤 일이 광장에서 실재하며, 정확하게 설명은 없어도 거대한 것만은 확실한 것을 알 수 있다. '광장의' '외침'은 '나뭇잎이 목이 끊어질 듯' 흔들리는데서 그 강도를 알 수 있으며 '화음'을 하는 반응으로 보아 혼자만의 외침이 아님을 의미하고 있다.

이런 지금의 상황은 '세월'이 가고 현장에 있던 '사람'도 떠나고 나면 다시 아무일도 없었던 것처럼 되지만 그 광장에서 일어났던 '광장의 외침'은 '외침' 의 의미와 가치 그 자체로 남아서 후대에 증언적 역할을 할것이라는 기시성을 보인다. 시대적 텍스트를 '광장'이란 화두로 이끌어 내었으며 그 현상이 참다운 '정의'의 구현이었는지 혹은 공동체의 善을 이루기 위한 참된 행위였는지를 가늠하게 되는 그날이 되면 증언자로 나서겠다는 의지가 담긴 발화로 화자의 결기가 엿보인다.

비가 억수같이 쏟아진다
바람이 태풍처럼 몰아친다
아무려면 어떤가
어차피 방콕 '사회거리두기'인데

청명한 하늘이 밖으로 유혹한다
신선한 공기가 밖에서 유혹한다
그러면 무엇하랴
어차피 집콕 자택 연금인데

눈이 올지도 모르겠네
내가 좋아하는 그 눈이 쌓이겠네
그렇다고 무슨 소용인가
어차피 재택 '생활거리두기'인데

한강에 얼음이 얼지도 모르겠네
스케이트도 탈만 하겠네
그것도 그림의 떡
어차피 마루바닥 미끄럼이나 탈것을

코로나야 너의 성(姓)은 '어차피'였구나.

—「어차피」 전문

하늘에 동그란 흰색 구름 조각
땅 위에 납죽 엎드린 민들레 꽃
공중에 매달린 벚꽃송이
물 속에서 오글대는 개구리 알들
가물 가물대는 신문기사들
모두가 바이러스로 보인다
바이러스 노이로제다

부활하신 주님
이 땅 고쳐주옵소서
바이러스를 흔적도 없이
소멸해 주옵소서. 아멘

—「바이러스 퇴치를 위한 기도」 전문

앞의 시와 같이 세태를 풍자하는 시이다. 아직 한국문학에 '세태시'라는 구분은 미미하지만 소설 연구에는 '世態小說' 형식을 구분하고 있다. 이는 '市井小說' 또는 '風俗小說' 이라고도 하며 어느 시기 특정한 사회적 양상을 이야기로 꾸미는 형식이다. 시 「어차피」는 이런 개념을 원용하여 이해할 수 있다.

2019년 겨울 중국 우한지역에서 처음 밝혀진 바이러스 '코로나19'는 중국 뿐 아니라 대한민국을 포함하여 전세계로 퍼져나가서 감염자가 생긴 것은 물론이며 사망자도 많아졌다. 예전의 '사스'나 '메르스'에 견주기도 하고 더 크게는 유럽을 휩쓸었던 '흑사병'에 견주어지기도 한다. 세계적으로 면대면의 일상생활이 전면적으로 축소되거나 취소되는 펜데믹 현상이 되었다. 개인적으로는 외출 자제가 요구되고 각자의 집에서 혹은 독자적인 공간에서의 활동이 요구된 것이다.

'비가 억수같이 쏟아'져도 '바람이 태풍처럼 몰아'쳐도 '청명한 하늘이 밖으로 유혹'해도 '신선한 공기가 밖에서 유혹'해도 '눈이' 온다 해도 화자가 좋아하는 '그 눈이 쌓이'더라도 '한강에 얼음이 얼'어도 '스케이트를 탈만'해도 정부의 '사회적 거리 두기' 혹은 '생활거리 두기'의 방침에 따라 어쩔수없이 '자택연금'과 같은 상태가 되어야 하는 현 세태를 풍자하고 있다.

코로나19를 소재로 하는 다른 시 「텅 비었다」에서는 '병원 의원 약국이 텅 비었' 고 '극장 음식점 카페 학교가 텅 비었'고 '은행도 사무실도 텅 비었"다는 세상의 모습을 보여주고 이어 '사람들의 마음도 휑하니 비었'으며 '모두들 표정' 조차도 '퍼렇게 멍들었'으며 '기쁨'과 '희망'이 '사라졌다'는 직설적인 탄식을 하고 있기도 하다.

이렇게 옭죄는 상태를 벗어날 대안이 없다. 그러므로 시 「어차피」 의 마지막 연에 '코로나야 너의 성(姓)은 '어차피'였구나' 라고 현실에 대한 허와 실을 찌르는 자조와 위트를 동반하여 팽팽한 감정선을 누그리는 역할을 한다.

그리고 이기태 시인은 여기에서 멈추지 않고 이런 난관의 해결을 위해 '주님'께 기도한다. 이는 크리스찬으로서도 마땅한 일이지만 문학을 통하여 인간성 회복을 추구하는 시인으로서도 책임감있는 자세이다. 코로나 바이러스 때문에 '하늘에 동그란 흰색 구름 조각' 도 '땅 위에 납죽 엎드린 민들레 꽃' 도, '공중에 매달린 벚꽃 송이'도 '물 속에서 오글대는 개구리 알들'도 '가물 가물대는 신문기사들'도 모두 바이러스로 보일 정도로 감각이 분열되는 듯한 현실 앞에 주저앉아 있을 수만은 없다. 무엇이라도 해야하는데 막상 아무것도 할 수 없는 상태이긴 해도 그의 기도는 개인의 신원을 호소하는 것이 아니고 '이 땅' 전부를 '고쳐'주십사고 하는 범 인류적이라는 점이 중요하다. 이기태 시인의 인류애가 드러나는 祈禱詩이다.

국민학교 들어가니
1945년 해방된 해라고 학교에서
색색이 눈깔사탕 한 개씩 주었다
처음 먹어보는 맛이 그만이다

일본 경찰 놈들이
할아버지께 와서는 창씨개명
안 하신다고 "빠가야로" 하던 놈들
밀주 담그지 않나 가끔 조사를 나오던 놈들
바다 건너로 다 도망가니
머리가 시원코 뱃속이 시원했다
할아버지께서 이기셨다
우리가족은 창씨개명 안하고
해방을 맞았으니...

—시 「해방 눈깔사탕 」 전문

"일상의 사소한 불법행위도
못참는 성격"

중앙일보가
1982년 12월 27일 월요일
제5329호에

독자 “투고 1위 李圭儀이규의씨”
제하에 넣은 소제목이다

그 해에 57건을 투고하고
16건이 신문에 게재되어
1등에 오르셨고
객원기자 라는
별칭까지 얻으셨다

내가 스페인 생활을 마치고
미국으로 가기 직전
태국 방콕에서 활동 할 때
아버지는 그런 면으로
한가할 틈이 없으셨다

38년 전의 일
아득타 어이하리
지금은 남기신 신문기사로
매일 나의 서재에 함께 계신다.

―「나의 아버지」 전문

문학의 증언적 역할이 강조되는 두편의 시를 보았다. 문학을 통해 역사적 흔적을 접하는 것은 감동을 동반하기 때문에 호기심을 유발하여 생명력이 길다. 그것이 사회를 움직이는 거대담론이거나 공적인 담론일 경우도 그러하지만 개인사일 때도 단순한 기록이 주는 삭막함을 불식시키고 친근하게 독자에게 전달된다. 문학이 지닌 누구든지 공감할 수 있도록 하는 보편성을 띠고 있기 때문이다. 위의 시 두편을 통하여 이기태 시인의 개인사와 가족사를 접할 수 있으며 시인의 정체성의 한 축을 파악할 수 있다.

예시에서는 몇 가지 역사적 사실이 눈에 띈다. 일제가 우리에게 '창씨개명'을 하라고 강압적 으로 강요했던 것과 '밀주금지' 조치는 이미 알고 있었다 해도 '국민학교 들어가니 / 1945년 해방된 해라고 학교에서 / 색색이 눈깔사탕 한 개씩 주었다'는 것. 또 이런 사탕을 '처음 먹어보'았다는 것 등이다. 이런 당시의 현실은 이기태 시인만의 경험이면서도 역사적 한 단면을 볼 수 있게 한다.

문학이 사회적으로 반향을 일으키는 것은 대개가 열변을 토하는 듯한 행위에서 시작되는 것이 아니라 지속적으로 조곤조곤하게 자기 목소리를 내는데 있는 것이다. 시 「나의 아버지」를 보면 시 그 자체에 예술적 초점을 맞춘다기 보다 이런 기억을 시로 이끌어내는 시인의 의도를 읽어 내는 것이 중요하다. 이기태 시인의 글쓰기 DNA는 아버지로부터 온 것임을 유추하는 것은 무리가 아니다. 할아버지 아버지로 이어지는 의로운 결기가 화자의 내면에도 강하게 구축되어 있고 불의를 엄중하게 바라보는 시각이 있음을 우회적으로 드러내고 있다. '지금은 남기신 신문기사로 / 매일 나의 서재에 함께 계신다' 함은 매일 아버지와 영적 교류가 있음을 추측하게 한다. 시인은 할아버지와 아버지가 추구했던 더 나은 세계를 꿈꾸고 있으며 이의 장벽이 되는 모호하고 불안정한 어떤 요인이 발견되면 새로운 '증인'으로 '광장'에 설 수도 있을만큼 유전적 기질이 있음을 암시하고 있다.

예술은 즉자적이고 자율적이지만 철학과 같이 끊임없는 정반합의 과정을 거치면서 더 나은 세계를 그려내는 이성적 성질이 있는데 이것은 더 나은 미래를 꿈꾸는 예술인의 역할이기도 하기 때문이다. 이기태 시인은 앞으로도 시를 매개로한 다양한 방법으로 정의로운 사상을 펼쳐내는 결기와 의지를 보일 것이라고 기대하게 된다. 시인은 시를 통하여 시대적 사명을 감당하는데 차용되는 시적 이미지가 곧 시인의 세태안과 가치관의 표출이며 시편들을 통하여 통시적으로 드러날 것이기 때문이다. 그의 많은 경험으로 쌓인 시적 소재의 풍성함은 표현의 다양함을 통하여 형상을 입고 제시될 것이다.

3. 맺으면서

이기태 시인의 시를 읽으면 시적진술의 방법과 찬연한 별빛이 오기를 기다리는 청년과 같은 기백을 확인할 수 있다, 시를 '화해'와 '비움'을 보면서 로마시대의 황제 아우구스투스가 즐겨 썼다는 '천천히 서두르라'는 말과 링컨이 말한 '우리는 마음먹는 만큼 행복해진다' 라는 두 격언을 생각했다. 이런 말을 적용할 수 있는 것은 조급해하지 않으면서도 꾸준히 시를 씀으로 시적 역량을 높이는 이기태 시인의 성실한 모습을 보아왔기 때문이다. 때문에 시집 전체를 관통하는 인간의 삶에 대한 본질적인 천착과 고백의 무게가 가볍지 않다..

행복은 쉽게 얻을 수 있는 것이 아니지만 '나'를 벗어난 다른 곳에서 나의 행복이 존재한다는 것도 불가능한 일이다. 그렇게 '행복'은 지극히 주관적이기 때문에 자칫 스쳐지나가 버리기 쉬운데 이기태 시인의 시에서 드러나는 포용과 관조적 시각은 곧 여유로움을 매개로 하는 행복한 모습의 외형적 표출임을 알 수 있다.

팔십여년의 인생 여정에서 차곡차곡 쌓인 지혜와 지식과 많은 경험이 축적된 그의 내면에는 아직도 다양한 갈래와 색깔의 시적 소재가 담겨 있을 것이다. 이런 요소들은 앞으로 깊이를 더한 책임있는 시적 담론으로 세상을 향해 발화될 것이다.

視覺의 예리한 모서리를 넉넉한 성품으로 뭉그리면서 세계와 조화하는 모습을 보이기도 하고 때로는 그 예각을 그대로 드러내서 검보다 강한 펜의 역할을 하기도 할 것이며 이기태 시인의 내면을 탐구하는 존재론적인 성찰과 그 기백은 앞으로도 그의 시를 별빛처럼 채울 것이다.

김 귀 희

시인. 문학평론가. 문학박사